Reden au...

Mehr Sicherheit für ...

Matthias Nölke

C.H.BECK

So nutzen Sie dieses Buch

Die folgenden Elemente erleichtern Ihnen die Orientierung im Buch:

Beispiele und Übungen

In diesem Buch finden Sie zahlreiche Beispiele, die das Gesagte illustrieren. Übungen regen Sie dazu an, das Gelesene umzusetzen.

Definitionen

Hier werden Begriffe kurz und knapp erläutert.

> Die Merkkästen enthalten hilfreiche Hinweise und wertvolle Tipps.

Auf den Punkt gebracht

Am Ende jedes Kapitels finden Sie eine kurze Zusammenfassung.

Inhalt

Vorwort

Ob im Beruf oder privat, immer wieder ergibt es sich, dass wir ohne große Vorbereitung das Wort ergreifen müssen. Für ein kurzes Statement, für eine Begrüßung oder auch, um die anderen für unsere Ideen zu gewinnen. Solche „Reden aus dem Stand" sind weit häufiger als große Vorträge, Ansprachen oder vorformulierte Referate. Und um beruflich voranzukommen, sind sie ohnehin viel wichtiger.

Es ist durchaus möglich, Karriere zu machen, ohne auch nur eine einzige große Rede zu halten. Und wenn es doch einmal sein muss, dann können Sie sich professionelle Unterstützung holen und sich Ihren Text vorformulieren lassen. Bei den alltäglichen, spontanen Stegreifreden geht das nicht. Die müssen Sie im Fall eines Falles selbst aus dem Ärmel schütteln.

Das wird auch mehr und mehr von Ihnen erwartet. Vor allem als Führungskraft sollten Sie in der Lage sein, Ihre Mitarbeiter „aus dem Stand" zu informieren, sie zu überzeugen, zu ermutigen oder auch ihr Vertrauen zu gewinnen. Wenn Sie diese Fähigkeit beherrschen und den richtigen Ton treffen, haben Sie einen enormen Vorteil.

Diese Fähigkeit lässt sich erlernen und trainieren. Genau darum kümmert sich unser Buch. Es möchte Ihnen vermitteln, wie Sie mit minimaler Vorbereitung flüssig und überzeugend formulieren. Und falls es Sie einmal völlig unvorbereitet trifft, bekommen Sie einen „Notfallkoffer" an die Hand.

Dr. Matthias Nöllke

Zur Begrüßung: die Minirede

Frei zu reden ist gar nicht so schwer. Wir tun es bereits ohne Mühe. Oder lesen Sie Ihre Worte vom Blatt ab, wenn Sie Gäste begrüßen oder sich selbst vorstellen? Zum Einstieg in unser Thema sehen wir uns solche Minireden einmal genauer an. Sie verschaffen uns eine geeignete Grundlage für längere Redeformen.

Hilfe – ich muss eine Rede halten! Und das auch noch frei, ohne Stichwortzettel oder PowerPoint-Folien. So etwas kann uns in milde Panik versetzen. Umfragen zufolge würden viele eher körperliche Schmerzen in Kauf nehmen, als vor einer Gruppe von Zuhörern das Wort zu ergreifen und einfach so „frei von der Leber weg" zu sprechen. Warum eigentlich? Es sind im Wesentlichen drei Gründe, die uns zu schaffen machen:

- Wir sind allein, unsere Zuhörer sind viele. Allein das erzeugt Stress. Wir können uns an keinen vorbereiteten Formulierungen festhalten. Das verunsichert uns noch mehr.

- Wir haben Sorge, dass uns Ordnung und Struktur verloren gehen. Wenn wir einfach drauflosreden, entsteht leicht ein Durcheinander. Wir sorgen nicht für Klarheit, sondern für Verwirrung. Vielleicht verlieren wir sogar selbst den Faden.

- Wir können unsere Worte weniger abwägen. Vielleicht unterläuft uns eine unbedachte Bemerkung, vielleicht kränken wir jemanden versehentlich. Worte, die gefallen sind, können wir nicht mehr zurücknehmen.

Kurz gesagt, wir haben Angst, dass die Sache schiefgeht und wir uns blamieren. Daher scheuen wir uns häufig, vor anderen einfach so das Wort zu ergreifen. Doch damit schaden wir uns selbst.

Das Publikum unmittelbar erreichen

Auch wenn Sie nicht gerne frei sprechen, so lohnt es sich doch, es zu lernen und Ihre Fähigkeiten weiter zu verbessern. Denn dadurch haben Sie eine ganze Reihe von Vorteilen:

- Sie wirken kompetenter, sympathischer und souveräner, wenn Sie Ihre Argumente nicht vom Blatt ablesen.

- Sie können auf Ihre Zuhörer unmittelbar reagieren, werden auf Vorbehalte aufmerksam und können sie gleich entkräften. Die Wahrscheinlichkeit, dass Sie an Ihren Zuhörern vorbeireden, ist viel geringer.

- Sie erreichen Ihre Zuhörer unmittelbar. Sie können wesentlich häufiger Blickkontakt aufnehmen. Das macht Sie überzeugender.

- Für jeden ist es sichtbar: Es sind Ihre eigenen Worte, die Sie äußern. Das macht Sie glaubwürdiger.

- In vielen Situationen haben Sie gar kein Manuskript zu Verfügung, sondern müssen sich spontan äußern – oder gar nicht. Sind Sie in der Lage, Ihre Sicht der Dinge kurz und bündig darzulegen, werden Sie nicht übergangen.

- Sie müssen gar nicht druckreif sprechen. Ihr Publikum verzeiht Fehler, und Ihre Rede wirkt weit lebendiger, wenn Sie „aus dem Stand" sprechen.

- Die freie Rede kann viel emotionaler und mitreißender sein. Ohne Manuskript ist die Chance wesentlich größer, dass der Funke überspringt.

> ### Besser holprig als abgelesen
>
> Vor allem wenn Sie auf etwas reagieren sollen, emp-fiehlt es sich, frei zu sprechen. Auch wenn Ihre Rede etwas holprig daherkommt, ist das meist viel besser, als eine vorbereitete Erklärung zu verlesen. Egal, wie gut die formuliert ist, so wird sie doch als Zeichen fehlender Wertschätzung empfunden – eben weil Sie nicht aus dem Augenblick heraus auf das eben Gesagte antworten.

Jede Rede hat ein Ziel

Als Zuhörer fragen wir uns manchmal schon: Was will uns der Redner eigentlich sagen? Wenn das unklar bleibt, ist die Rede missglückt. Denn *jede* Rede wird aus einem bestimm-ten Grund gehalten, sie hat ein Ziel. Und dieses Ziel sollte sich den Zuhörern ohne Mühe erschließen.

Das Ziel muss nicht immer darin bestehen, bestimmte Inhalte mitzuteilen. Viele, auch sehr gelungene Reden verfolgen einen ganz anderen Zweck: Sie sollen bei den Zuhörern ein bestimmtes Gefühl hervorrufen, zum Beispiel Stolz, oder sie möchten gute Laune verbreiten. Vielleicht aber auch ein ungutes Gefühl wie Beschämung oder Unzufriedenheit, um den Willen in Gang zu setzen, etwas zu verändern. Manche Reden tragen ihren Zweck auch in sich selbst: Eine Begrü-ßungsrede halten wir, um die Anwesenden zu begrüßen,

in einer Vorstellungsrede stellen wir uns vor, und bei einer
Geburtstags- oder gar Preisrede geht es darum, den Gefei-
erten zu würdigen.

Noch bevor Sie loslegen, stellen Sie sich die Frage:
Warum ergreifen Sie das Wort? Was ist Ihr Ziel? Was
möchten Sie erreichen? Erst wenn Sie das geklärt haben, können Sie beginnen.

Die Ideen kommen beim Sprechen

Wenn wir spontan das Wort ergreifen, wissen wir oft noch
gar nicht, was genau wir sagen werden. Das ist kein Nachteil, sondern liegt in der Natur der Sache. Auch sehr ver-
sierten Rednern geht es nicht anders. Sie vertrauen darauf,
dass ihnen die passenden Worte schon einfallen werden
– während sie reden.

Und sie vertrauen oftmals zu Recht. Haben sie erst einmal
angefangen zu sprechen, fliegen ihnen die Worte nur so zu.
Manche Gedanken entwickeln sich ganz allmählich beim
Sprechen. Erst jetzt ist uns klar, was wir sagen wollen.

Dieses Phänomen hat wohl erstmals der Schriftsteller Hein-
rich von Kleist beschrieben. In einem Aufsatz mit dem Titel
„Über die allmähliche Verfertigung der Gedanken beim Reden" schildert Kleist, wie wir Klarheit gewinnen, indem wir
unsere Ideen einfach in Worte fassen und aussprechen, was
wir denken. „Woher soll ich wissen, was ich denke, bevor ich
höre, was ich sage", so der Autor E.M. Forster.

Einen guten Start erwischen

Wie gut wir in Fahrt kommen, das entscheidet sich oft schon am Anfang. Vielleicht haben Sie auch schon mal die Erfahrung gemacht, dass Sie noch ein wenig zögerlich das Wort ergreifen und sofort spüren, dass die Zuhörer auf Ihrer Seite sind. Sie haben den richtigen Ton getroffen. Sie fühlen sich beflügelt, Ihre Worte tragen Sie davon, die Rede gelingt Ihnen mühelos.

Solche Selbstläufer glücken uns leider nicht immer. Es kann auch passieren, dass wir gleich ins falsche Fahrwasser geraten und für den Rest der Rede damit beschäftigt sind zurückzurudern. Manchmal machen wir es damit noch schlimmer, weil wir verunsichert sind und uns nun gar nichts mehr gelingt.

> Wenn Sie das Wort ergreifen, sollten Sie immer den ersten Satz parat haben. Und der sollte sitzen. Seien Sie von Anfang an klar, freundlich und verständlich. Stoßen Sie Ihre Zuhörer niemals vor den Kopf.

Drei Arten, eine Rede zu beginnen

Wie Sie in Ihre Rede einsteigen sollten, hängt von vielen Faktoren ab, unter anderem auch von der Art der Rede. Daher werden wir uns mit dem Thema „Einstieg" immer wieder beschäftigen. Doch ganz grundsätzlich können wir drei bewährte Varianten unterscheiden:

- Der **sympathische** Einstieg: Sie machen eine Bemerkung, die Sie Ihren Zuhörern sympathisch macht. Sie lassen es menscheln, erzählen ein persönliches Erlebnis oder stellen sich kurz vor, sodass Ihr Publikum denkt: Was für ein netter Mensch.

- Der Einstieg, der **neugierig** macht: Sie präsentieren irgendein überraschendes Detail, beginnen eine Geschichte, bauen Spannung auf, die Sie später in Ihrer Rede auflösen werden. Sie können auch eine ungewöhnliche Ansicht äußern, von der man wissen möchte: Wie kommt der Redner bloß darauf?

- Der Einstieg, der auf **Zustimmung** abzielt. Im Idealfall sprechen Sie Ihren Zuhörern aus dem Herzen. Sie denken: Genau so ist es. Endlich sagt es mal jemand.

Dass Sie positiv einsteigen, bedeutet gerade nicht, dass Sie Ihren Zuhörern durchgängig nach dem Munde reden. Ganz im Gegenteil. Die erste und dritte Variante empfehlen sich vor allem bei Reden, die darauf abzielen, Ihre Zuhörer von einer neuen Ansicht zu überzeugen. Mehr dazu im dritten Kapitel. Hier nur so viel: Mit Ihren ersten Sätzen etablieren Sie sich als Redner. Sie entscheiden darüber, mit welcher Einstellung Ihr Publikum Ihnen zuhört. Oder ob es das überhaupt tut.

Worte haben ihre Eigendynamik

Uns sollte von Anfang an bewusst sein, dass Worte ihre ganz eigene Dynamik entfalten können. Das gilt vor allem, wenn wir frei sprechen – und darin schon eine gewisse Übung haben. Unsere Rede kann mitreißen – unsere Zuhörer, aber auch uns selbst. Für manche scheint darin gerade das Ziel zu liegen. Sie fühlen sich großartig, wenn sie sich an ihren eigenen Worten berauschen.

Doch darin liegt auch eine Gefahr: Wir können über das Ziel hinausschießen. Vielleicht wollen Sie am Vorschlag eines Kollegen nur leichte Kritik üben, durch eine spöttische Bemerkung geben Sie ihn aber der Lächerlichkeit preis – und haben einen Feind fürs Leben. Aber auch Lob und Anerkennung können aus dem Ruder laufen, sodass es sogar für den Gelobten peinlich wird. Und schließlich kann es Ihnen passieren, dass Sie sich in Ihrer Euphorie zu Ankündigungen und Versprechungen hinreißen lassen, die Sie eine Minute nach Ihrer Rede schon wieder zurücknehmen würden. Denn Sie ahnen: Da habe ich den Mund wohl ein bisschen zu voll genommen.

> Bei den Reden aus dem Stand wissen Sie zwar vorher nicht, was Sie sagen werden. Aber Sie sollten immer wissen, was Sie versprechen werden.

Phrasen vermeiden

Eine Eigendynamik ganz anderer Art droht, wenn wir Phrasen benutzen – Sätze, die wieder und immer wieder benutzt werden, sodass wir sie schon nicht mehr hören können. „Meine sehr verehrten Damen und Herren, wir stehen vor großen Herausforderungen, aber ich freue mich, dass Sie so zahlreich hier erschienen sind, denn wir müssen das Rad nicht neu erfinden." Das sind mindestens drei Phrasen. Und bei Phrasen schalten unsere Zuhörer ab.

Oft sagen diese Phrasen gar nichts aus und können ersatzlos wegfallen. Und wenn sie doch etwas aussagen, was uns wichtig ist, dann ist es nicht so schwer, das Gemeinte auch anders auszudrücken. Und schon wird unsere Rede viel besser und lebendiger.

Phrasen ersetzen

Anstelle von „wir stehen vor großen Herausforderungen" sagen Sie: „Die nächsten Monate werden für uns nicht einfach." Oder: „Wir müssen etwas ändern."

„Ich freue mich, dass Sie so zahlreich hier erschienen sind" ersetzen Sie durch: „Sehr schön, der Saal ist voll." Oder: „Prima, Sie sind alle gekommen."

„Wir müssen das Rad nicht neu erfinden" formulieren Sie um in: „Wir können uns dort Anregungen holen." Oder: „Wir übernehmen das einfach."

Eine klare Struktur gibt uns Halt

Auch wenn wir ohne Vorbereitung das Wort ergreifen, braucht unsere Rede doch eine möglichst klare Struktur. Sie gibt uns Halt und macht unsere Rede abwechslungsreicher. Vor allem aber können unsere Zuhörer uns besser folgen, sie verstehen besser, was wir sagen wollen, und unsere Worte wirken wesentlich überzeugender.

Wer strukturiert spricht, strahlt Kompetenz aus, sagt der Rhetoriktrainer René Borbonus. Und weil so viele, die frei sprechen, es an der Struktur mangeln lassen, können Sie hier gewaltig punkten. Dabei ist es nicht bloß der Eindruck, der zählt. Eine gute Struktur schafft Ordnung und lässt Zusammenhänge deutlich werden. Sie zeichnet eine gute Rede aus – und einen kompetenten Redner.

> Die Struktur ist so etwas wie der Bauplan der Rede. Wenn Sie sich über die Struktur Ihrer Rede im Klaren sind, kommen Sie wesentlich leichter zurecht. Faustregel daher: Bevor Sie Ihre Rede aus dem Stand beginnen, sollten Sie drei Fragen beantworten können:
>
> • Was ist das Ziel meiner Rede?
> • Wie lautet der erste Satz?
> • Wie sieht die Struktur meiner Rede aus?

Sich selbst und andere vorstellen

Wir beginnen mit der einfachsten Minirede: der Vorstellung. Was Sie mitzuteilen haben, ist überschaubar. Sie müssen niemanden überzeugen und werden kaum auf Widerspruch stoßen. Auch wer sonst jede Rede vom Blatt abliest, spricht, wenn er sich vorstellt, frei – sonst würde er befremdete Blicke ernten.

Also alles ganz einfach, sollte man meinen. Und doch gibt es Leute, denen es unangenehm ist, sich vorzustellen. Nicht im Vieraugengespräch – das wäre dann auch keine Rede, nicht einmal eine Minirede –, sondern in einer Runde, etwa der oft gefürchteten „Vorstellungsrunde" zu Beginn eines Seminars. Manchmal müssen Sie sich auch einem Publikum vorstellen, zum Beispiel wenn Sie vor Ihrer eigentlichen Rede noch ein paar Worte über sich sagen sollen.

Es kann Ihnen auch passieren, dass Sie vom Moderator, der Sie doch eigentlich ankündigen soll, mit der Aufforderung überrascht werden: „Ach, am besten stellen Sie sich selbst vor." Manchen fällt es nämlich keineswegs leicht, einen anderen zu präsentieren.

Was soll das Publikum über Sie wissen?

Wenn wir uns mit dem Vorstellen schwertun, dann aus unterschiedlichen Gründen: Sollen wir über uns selbst sprechen, dann möchten wir, dass die anderen keinen falschen Eindruck von uns bekommen, sondern einen möglichst guten. Außerdem wollen wir nicht eitel oder arrogant erscheinen. Das könnte ins Auge gehen, wenn wir den anderen erzählen, was für eine wichtige Persönlichkeit sie vor sich haben.

Sollen wir eine andere Person vorstellen, dann haben wir Sorge, wir könnten etwas über sie erzählen, was sie gar nicht hören möchte, was vielleicht auch gar nicht wichtig ist. Womöglich vergessen wir etwas oder – der Albtraum jedes Moderators – wir lassen erkennen, dass wir keine Ahnung haben.

Dabei ist die Sache gar nicht so schwer: Wir müssen nur die Frage klären, was die Zuhörer über uns oder die Person, die wir vorstellen, wissen sollen. Und das hängt stark von der jeweiligen Situation ab. Als Seminarteilnehmer präsentieren Sie sich anders, als wenn Sie gleich einen Vortrag halten müssen.

Eine Vorstellung hat drei Ziele:

- Ihre Zuhörer sollen sich Ihren Namen einprägen.
- Ihre Zuhörer sollen mehr über Ihre Person erfahren und Sie sympathisch finden.
- Ihre Zuhörer sollen mehr über Ihre Fähigkeiten erfahren und Sie für kompetent halten.

Wie Sie Ihren Namen nennen

Wie war noch mal der Name? Es kommt gar nicht so selten vor, dass sich jemand vorstellt und seinen Namen nicht deutlich genug ausspricht. Unser eigener Name ist uns so vertraut, dass wir nur ein paar halb vernuschelte Silben zu hören brauchen, um zu wissen: Die Rede ist von uns. Doch die Zuhörer hören unseren Namen vielleicht das erste Mal. Damit sie ihn verstehen, müssen wir ihn deutlich aussprechen. Dabei kann es helfen, wenn Sie unmittelbar vor Ihrem Namen eine winzige Pause machen und Ihren Vor- und Nachnamen leicht voneinander absetzen.

Ihre Zuhörer sollen Ihren Namen aber nicht nur verstehen, sie sollen ihn sich auch merken. Das können Sie ihnen erleichtern, indem Sie eine Eselsbrücke bauen: Sie verbinden Ihren Namen mit irgendetwas Bekanntem: „Mein Name ist Silvia Vinken – wie die kleinen Vögel, nur mit V." Oder: „Ich bin Thorsten Kröber. Krö- wie Krönung, -ber wie Berliner. Dabei komme ich aus Köln."

Sie können kleine Erklärungen und Verständnishilfen geben. Die müssen nicht immer ganz ernst gemeint sein. Im Gegenteil, Sie gewinnen Sympathien, wenn Ihre Zuhörer ein wenig schmunzeln können: „Mein Name ist Melek Homann. Melek ist Türkisch und heißt Engel. Homann ist Deutsch, und so heißt mein Mann."

Übung

Überlegen Sie: Wie können Sie Ihren eigenen Namen bei Ihren Zuhörern verankern? Gibt es ein Wort, das so ähnlich klingt? Haben Sie einen prominenten Namensvetter? Oder Beinahe-Namensvetter? Können Sie die Silben auf andere Begriffe zurückführen?

Woher stammen Sie? Wo wohnen Sie?

Wenn jemand seinen Namen genannt hat, fügt er häufig noch seinen Wohnort hinzu – und/oder den Ort, aus dem er stammt. Das soll es den Zuhörern erleichtern, ihn einzuordnen. Sie erfahren mehr über ihn. Dadurch wirkt er auch sympathischer.

Wie schon bei der Namensnennung bietet es sich an, die Ortsangabe ein wenig aufzulockern. Manche Städte und Regionen stehen ja in einem bestimmten Ruf, was Sie humorvoll aufgreifen können: „Ich stamme aus einer Region, in der man angeblich alles kann – außer das, was ich mir für heute fest vorgenommen habe: Hochdeutsch zu sprechen." Oder aber Sie gehen geradewegs den umgekehrten Weg und machen Ihre Zuhörer mit einer Eigenart Ihres Wohnorts bekannt, die ihnen bestimmt noch nicht bekannt war: „Ich komme aus der Stadt, in der die glücklichsten Deutschen wohnen. Hätten Sie das gedacht? Ich komme aus Osnabrück."

Was machen Sie beruflich und sonst so?

Zu einer Vorstellung gehört auch, dass Sie ein paar Worte über Ihren Beruf verlieren. Es sei denn, Sie bewegen sich im privaten Rahmen – da behalten Sie erst mal für sich, welche beeindruckende Position Sie erreicht haben und wie spannend Ihr Berufsleben ist. Aber in diesem Abschnitt geht es ja hauptsächlich um Minireden vor Publikum: in einer Vorstellungsrunde oder vor einer Präsentation. Und da sollten Ihre Zuhörer schon wissen, was Sie beruflich tun und welche Qualifikationen Sie haben.

Die Kunst besteht darin, die eigene Kompetenz herauszustellen, ohne als Angeber oder Wichtigtuer zu erscheinen. Das gelingt Ihnen, wenn Sie sich auf einen Aspekt beschränken, der besonders stark für Ihre Kompetenz spricht, wenn Sie sich auf Fakten beziehen und sich nicht selbst loben. Auch nicht in der beliebten Form, dass Sie sich auf andere beziehen: „Manche halten mich für den größten Experten auf diesem Gebiet." Oder: „Das Abendblatt nannte mich neulich Deutschlands führenden Benimmexperten." Solche Sätze äußern Sie nur über jemand anderen, niemals über sich selbst.

Wenn Sie wirklich der größte Experte sind, dann haben Sie es hoffentlich nicht nötig, dies Ihren Zuhörern ausdrücklich mitzuteilen. Sie setzen sich dem Verdacht aus, dass es sonst niemand bemerken würde. Erwähnen Sie lieber, welche Position Sie einnehmen oder welche Projekte Sie geleitet haben. Natürlich nur, wenn das für Ihr Thema wichtig ist.

Kompetenz betonen

„Guten Abend, mein Name ist Lars Meinert. Ich bin Fachan-walt für Mietrecht und vertrete seit zwölf Jahren Mieter und Vermieter. Heute Abend möchte ich Ihnen erzählen, wie Sie die Nebenkosten richtig abrechnen. Denn darüber streiten sich Mieter und Vermieter am häufigsten vor Gericht."

Es kommt immer auf den Rahmen an. Ist die Atmosphäre entspannt, können Sie über Ihren Beruf etwas lockerer plaudern. Auch können Sie einen reizvollen Gegenakzent setzen, indem Sie auf ein ausgefallenes Hobby hinweisen oder ungewöhnliche berufliche Stationen erwähnen. So etwas nimmt Ihrer Vorstellung die Schwere und wirkt souverän.

Wenn Sie etwas lebendiger über Ihren Beruf sprechen möchten, beschreiben Sie einfach, was Sie tun. Natürlich nicht erschöpfend: Greifen Sie sich ein Beispiel heraus, das für Ihre Zuhörer anschaulich ist. Sie können auch mit Ironie die Erwartungen Ihrer Zuhörer durchbrechen.

Berufsbeschreibung mal anders

- *„Ich sorge dafür, dass bei uns die Zahlen stimmen. Ich arbeite in der Buchhaltung."*
- *„Ich habe den spannendsten Job im Unternehmen: Ich bin Buchhalter."*
- *„Ich helfe Ihnen, die richtigen Worte zu finden. Ich bin Werbetexterin."*
- *„Ich helfe Ihnen, die richtigen Worte zu finden. Ich bin Rhetoriktrainerin."*
- *„Ich kümmere mich darum, dass Sie den Durchblick haben. Ich bin Optiker."*

Die Struktur der Vorstellung

Auch bei einer sehr überschaubaren Minirede hilft es, die Struktur im Kopf zu haben. Bei der Vorstellung können Sie sich an den folgenden Bauplan halten: 1. Name, 2. Herkunft/Wohnort, 3. Beruf, 4. Freizeit/Buntes/Kurioses.

Sie werden nicht immer alle Punkte ausführen. Mal tut Ihr Wohnort nichts zur Sache, mal sollten Sie Ihren Beruf oder Ihre Freizeitaktivitäten unter den Tisch fallen lassen. So würde es die Zuhörer eher irritieren, wenn der Fachanwalt aus unserem vorletzten Beispiel bekennt, ein begeisterter Mountainbiker zu sein. Das passt einfach nicht in diesen Rahmen.

Worauf es ankommt: Dass die Reihenfolge Ihrer Vorstellung schlüssig ist. Ihr Name gehört immer an den Anfang. Und wenn Sie noch etwas Buntes hinzufügen wollen (Hobbys, kurioses Detail), dann sollten Sie das erst tun, nachdem Sie über Ihre berufliche Position gesprochen haben. Sonst könnte der Eindruck entstehen, dass Ihnen Ihr Hobby wichtiger ist.

Bei der Vorstellungsrunde im Seminar ist die Struktur ganz ähnlich. Nur kommen dort noch zwei Punkte hinzu: 5. Ihre Wünsche und Erwartungen an das Seminar und 6. Äußerungen zum Seminarthema und persönliche Anmerkungen.

Vorstellungsrunde im Rhetorikseminar

„Ich bin Simone Reichert und komme aus der kleinsten Landeshaupt in Deutschland, aus Schwerin. Ich leite die Niederlassung eines Lebensmittelkonzerns. Mit meinen Mitarbeitern klappt die Kommunikation sehr gut. Ich muss aber immer wieder intern Präsentationen in der Deutschlandzentrale halten. Da will ich meine Fähigkeiten verbessern. Vor

> *allem möchte ich leichter frei sprechen können und lernen,*
> *genauer auf den Punkt zu kommen. Dies ist tatsächlich mein*
> *erstes Rhetorikseminar. Dabei bin ich schon seit gut fünf*
> *Jahren in einer Führungsposition."*

Der Elevator-Pitch

Aus den USA stammt der sogenannte Elevator-Pitch, eine Kurzpräsentation in maximal 60, manche sagen: in 30 Sekunden. Angeblich waren Vertriebler auf die gemeinsame Fahrt mit dem Fahrstuhl (Elevator) angewiesen, um ihre Chefs und Kunden von ihren Ideen zu überzeugen. So eine Fahrt dauerte durchschnittlich 60, manche sagen: 30 Sekunden. Später hat man gemerkt, dass die Sache noch besser funktioniert, wenn man den Fahrstuhl weglässt.

Für alle, die ihre Projekte, Ideen oder auch sich selbst verkaufen müssen, hat der Elevator-Pitch durchaus seinen Charme: Wir sind gezwungen, uns auf das Wesentliche zu beschränken und sofort zum Punkt zu kommen. Das hilft uns in vielen Situationen: im Meeting, auf der Messe, beim Meinungsaustausch mit den Kollegen, aber auch beim Vorstellungsgespräch.

Beim Elevator-Pitch konzentrieren Sie sich auf die folgenden drei Punkte:

- Sie haben eine (!) klare Kernbotschaft. Die muss zünden. Dann und nur dann bekommen Sie Gelegenheit, alles Weitere zu erklären.

- Die entscheidende Frage, die Sie beantworten müssen: Welchen Nutzen hat Ihr Gegenüber?
- Der Elevator-Pitch hat ein Ziel. Was soll Ihr Gegenüber tun: Ihren Vorschlag unterstützen, Sie einstellen, auf Ihre Internetseite gehen?

Wenn Sie das alles an einen gesprochenen Werbespot erinnert, dann liegen Sie völlig richtig. Kurz und knackig soll es sein. Sie wollen die Aufmerksamkeit Ihrer Zuhörer. Darin besteht allerdings auch die Schwäche des Elevator-Pitchs: Er geht einem schnell auf die Nerven. Zumindest wenn man ständig solche knalligen Kurzpräsentationen um die Ohren geschlagen bekommt.

Daher wirkt der Elevator-Pitch am stärksten, wenn er sich von der Rede entfernt und dem Gespräch annähert. Hören Sie zu und fragen Sie nach. Dann haben Sie gute Aussichten, Ihre Botschaft zu platzieren und Ihr Ziel zu erreichen. Davon abgesehen wird uns noch in einem späteren Kapitel beschäftigen, wie Sie Ihr Publikum überzeugen. Und das nimmt manchmal mehr Zeit in Anspruch als eine Fahrstuhlfahrt.

Jemanden einem Publikum vorstellen

Nicht immer stellen wir uns selbst vor. Wenn Sie eine Sitzung leiten oder eine Veranstaltung moderieren, dann müssen Sie hin und wieder einen Gast oder Referenten ankündigen. Das ist nicht besonders kompliziert. Umso erstaunlicher ist es daher, dass so viele Anmoderationen missglücken. Als Gastredner ist man manchmal schon froh, wenn die Ankündigung kurz und nichtssagend ausfällt – oder auch komplett ausfällt, weil der Moderator der Ansicht ist, der Redner solle sich doch am besten selbst vorstellen. Immerhin werden dann keine irreführenden oder falschen Informationen in die Welt gesetzt.

Auch wenn miserable Anmoderationen fast schon die Regel sind, so hinterlassen sie doch einen schlechten Eindruck – bei Ihrem Gast, der sich missachtet fühlt, aber auch beim Publikum, das sich die Frage stellt: Wenn dem Moderator schon nichts zu unserem Gast einfällt, warum haben die den überhaupt eingeladen?

Eine Anmoderation hat drei Ziele:

- Ihre Zuhörer sollen auf das Thema eingestimmt werden.
- Ihre Zuhörer sollen mehr über den Referenten erfahren.
- Ihre Zuhörer sollen sich auf den Vortrag freuen.

Es erscheint selbstverständlich und doch muss man es doppelt und dreifach unterstreichen: Die Anmoderation richtet sich an das *Publikum*! Sie ist nicht dazu gedacht, dem Gast zu schmeicheln und seine Verdienste in aller Ausführlichkeit auszubreiten. Vielmehr geht es darum, dem Publikum zu vermitteln: Der Vortrag, der gleich kommt, ist eine feine Sache. Die Referentin ist die geeignete Person, darüber zu sprechen. Wir sind schon alle ganz gespannt.

Wenn Sie Zweifel haben, ob die Referentin wirklich so kompetent und mitreißend ist, sollten Sie das in der Anmoderation für sich behalten. Ihre Aufgabe besteht darin, ihr den Boden zu bereiten, ihr den roten Teppich auszurollen. Wenn Sie vorher schon Skepsis verbreiten und für schlechte Stimmung sorgen, haben Sie Ihre Aufgabe nicht erfüllt. Sie bauen die Startrampe, abheben muss die Referentin. Geht ihr Vortrag schief, fällt das nicht auf Sie zurück. Im Gegenteil, Sie haben alles getan, was Sie konnten. Die Referentin hat die Sache vergeigt.

Neugierig machen, aber nicht zu viel verraten

Bei der Anmoderation führen Sie die Zuhörer an das Thema heran, aber Sie erklären nichts. Allenfalls werfen Sie Fragen auf. Sie halten kein vorgezogenes Koreferat. Noch schlimmer: Sie haben sich schon eingelesen und nehmen der Referentin eine Pointe vorweg.

Als Moderator müssen Sie sich keineswegs in das Thema eingearbeitet haben. Sie sind ja gerade nicht der Experte, sondern der Moderator. Und der soll erklären, warum das Thema interessant ist, vielleicht auch, was ihn persönlich daran interessiert.

Das Neugierigmachen kann sich auch auf den Referenten beziehen. Was ist das für ein Mensch? Was qualifiziert ihn, über dieses Thema zu sprechen? Denken Sie dabei an die Zuhörer: Die wollen gar nicht wissen, an welchen Universitäten jemand studiert und gelehrt hat. Es genügt der Hinweis, dass der Referent Professor für dieses oder jenes Fachgebiet ist oder ein lesenswertes Buch zu dem Thema geschrieben hat. Natürlich sollen Sie Ihren Gast in möglichst günstigem Licht erscheinen lassen. Doch konzentrieren Sie sich dabei auf zwei, drei Glanzlichter.

Abgerundet wird Ihre Anmoderation durch irgendein überraschendes Detail, vielleicht den Hinweis auf ein kurioses
Erlebnis, ein Hobby oder ein Zitat, das Ihr Gast als Steilvor-
lage nutzen kann. Und vergessen Sie nicht, am Ende Ihrer
Moderation den Namen (noch einmal) zu nennen.

> Eine gelungene Anmoderation ist ein Appetitanreger
> für den Vortrag. Daher ist sie kurz, eine Minirede, die
> nicht länger als drei Minuten dauern sollte. Viel kürzer
> allerdings auch nicht.

Die Struktur der Anmoderation

Wenn Sie sich selbst vorstellen, folgen Sie fast immer derselben Struktur. Stellen Sie hingegen eine andere Person vor, so
verändert sich die Struktur und kann nahezu spiegelverkehrt
werden. 1. Sie steigen mit einem Detail oder etwas Kuriosem
ein. Das macht die Zuhörer neugierig („Unser nächster Referent ist ein passionierter Mountainbiker."). 2. Sie kommen
auf den Beruf und die besondere Qualifikation der Person zu
sprechen. 3. Erst ganz am Schluss nennen Sie deren Namen.

Eine weitverbreitete Variante: Sie steigen erst in das Thema
ein – womöglich auch mit einer Kuriosität oder einem interessanten Detail. Dann leiten Sie über auf den Gast und seine
Qualifikation. Am Ende steht wieder die Namensnennung.
Gibt es einen Vortragstitel, so können Sie auch den nennen:
„Freuen Sie sich mit mir auf Nikola Kuntze und die drei Ge-
heimnisse der Kundengewinnung."

Die Begrüßungsrede

Stellen Sie sich vor, Sie sind eingeladen und niemand begrüßt Sie. Sie würden sich unwohl fühlen, oder? Sind Sie überhaupt willkommen? Sollten Sie nicht gleich wieder gehen? Die Veranstaltung hätte keine Form. Sie wüssten nicht, was auf Sie zukommt, wer sonst noch anwesend ist, ja, warum Sie überhaupt hier sind. Sie hätten nicht den Eindruck, dass auf Ihre Anwesenheit Wert gelegt wird. Sie fühlten sich ausgeschlossen. Für Ihren Gastgeber wäre das verheerend.

Begrüßungen sind unverzichtbar – bei allen möglichen Gelegenheiten: Wenn Gäste oder Besucher zu Ihnen kommen, bei Veranstaltungen, aber auch bei Meetings und Besprechungen. Dabei soll es hier natürlich nicht um das einfache „Guten Tag"-Sagen gehen, sondern um eine etwas ausführlichere Begrüßung, nämlich in Form einer Minirede.

Ein Band um die Anwesenden knüpfen

Manche Gastgeber verzichten auf so eine Minirede, sie begrüßen lieber jeden einzeln. Das ist irgendwie lockerer und persönlicher, meinen sie. Unterschiedliche Leute müssen unterschiedlich begrüßt werden. Und wenn man das erledigt hat, muss man es ja nicht noch ein zweites Mal tun. Doch das ist ein Irrtum.

Wenn Sie Ihre Gäste mit einer kurzen Ansprache willkommen heißen, dann geschieht das aus den folgenden Gründen:

• Die Veranstaltung wird aufgewertet. Durch ein paar freundliche Sätze bringen Sie zum Ausdruck, dass die Gäste Ihnen wichtig sind.

- Sie bringen alle Gäste auf ein und denselben Wissensstand. Das ist ein großer Vorteil: Bei der individuellen
  Begrüßung müssen Sie nicht immer die gleichen Hinweise
  herunterbeten.

- Sie knüpfen ein Band um alle Anwesenden: Ihre Gäste
  werden zu einer Gruppe. Alle dürfen sich zugehörig und
  willkommen fühlen.

Den letzten Punkt sollten Sie nicht unterschätzen. Vielleicht
haben Sie für manche Gäste kaum Zeit, vielleicht haben Sie
den einen oder anderen noch gar nicht gesprochen. Das ist
nicht weiter schlimm, wenn Sie alle Anwesenden in Ihrer
Minirede begrüßen. Und noch etwas: Sie machen es für Ihre
Gäste leichter, miteinander ins Gespräch zu kommen, wenn
deutlich wird: Wir gehören zu ein oder derselben Gruppe.

Eine Begrüßungsrede hat vier Ziele:

- Sie soll alle Anwesenden willkommen heißen und sie
  positiv einstimmen.

- Sie markiert den Beginn der Veranstaltung.

- Sie gibt den Anwesenden die nötigen Informationen,
  damit sie wissen, was auf sie zukommt.

- Sie zeigt, welche Person besonders wichtig ist: als
  Gastgeber, Organisator oder Ansprechpartner.

Wer sollte begrüßen?

In der Regel ist es der Gastgeber, der das Wort an die Anwesenden richtet. Bei Meetings ist es der Sitzungsleiter, bei

Besuchen, Besichtigungen oder Firmenveranstaltungen ist es häufig die Person, die sich um die Gäste kümmert. Die begrüßt sie dann „im Namen" ihres Unternehmens oder Vorgesetzten.

Wer begrüßen darf, wird herausgehoben. Insoweit sollten Sie sich geehrt fühlen, wenn Sie diese Aufgabe übernehmen dürfen. Allerdings ist es nicht immer die wichtigste Person, die begrüßt. Wird jemand gefeiert, ergreift er nicht selbst das Wort. Das tut er nur, wenn er selbst die Feier ausrichtet. Ebenso ist es üblich, dass bei einem Pressetermin nicht die Person, die befragt wird, die Begrüßung übernimmt, sondern ihr Pressesprecher.

Was muss gesagt werden?

Bei einer Begrüßungsrede geht es um drei Dinge: Ihre Gäste, Sie selbst und um den Anlass, zu dem Sie die anderen begrüßen. Das ist nicht viel. Doch dabei sollten Sie die folgenden Punkte beachten:

- Sie heißen die Anwesenden willkommen, und zwar alle. Niemand darf sich ausgeschlossen fühlen. Hat jemand seine Kinder oder irgendeine Begleitung mitgebracht, begrüßen Sie auch die.

- Besondere Gäste dürfen Sie eigens erwähnen. Aber Vorsicht: Fühlt sich jemand genauso wichtig, sollten Sie den nicht übergehen. Und: Für alle anderen wird es langatmig, wenn Sie mehr als drei Ehrengäste hervorheben.

- Sagen Sie kurz, wer Sie sind und warum Sie es sind, der die Gäste begrüßt.

- Gehen Sie auf den Anlass ein, warum Sie zusammenge-
  kommen sind.

- Was erwartet die Gäste? Gibt es irgendwelche Programm-
  punkte, Highlights, organisatorischen Besonderheiten?
  Teilen Sie die mit.

Die Struktur der Begrüßungsrede

Sie können Ihre Begrüßung in drei Teile gliedern: Ansprache,
Hauptteil und Schluss. Als Erstes sprechen Sie Ihre Gäste
direkt an und heißen Sie willkommen. In diesen ersten Teil
gehört auch, dass Sie sich selbst kurz vorstellen, falls Sie
noch nicht allen bekannt sind.

Der Hauptteil ist dem Anlass gewidmet. Auch wenn die Gäste im Allgemeinen wissen, warum sie hier sind, nennen Sie
diesen Anlass noch einmal (z. B. 40. Geburtstag, Strategie-
Meeting) und führen das Thema in ein paar Sätzen näher
aus. In diesen Hauptteil gehören auch mögliche Hinweise
auf das Programm.

Der Schluss leitet im Allgemeinen zur Veranstaltung über:
Sie drücken die Hoffnung aus, dass Ihre Gäste sich wohl-
fühlen, sich gut unterhalten oder interessante Eindrücke
mitnehmen. Je nach Art der Veranstaltung können Sie auch
das Buffet eröffnen, die Tanzfläche freigeben oder mit der
Besprechung beginnen.

Als Variante können Sie Ihre Begrüßung auch mit einem Zitat
oder einer kleinen Geschichte beginnen, die mit dem Anlass
zu tun hat. Besser noch: Sie machen eine Bemerkung aus der
Situation heraus, zum Beispiel über die Räumlichkeiten, die
Anzahl der Gäste oder das (un)günstige Wetter. Wichtig ist

in jedem Fall, dass dieser Einstieg sehr kurz ist und Sie Ihre Gäste gleich im zweiten oder dritten Satz direkt ansprechen.

Die Anrede

Sie können ohne Weiteres sofort mit der Anrede starten. Das ist die sicherste Methode. Sie brauchen sich nicht mit Übergängen herumzuschlagen und vermeiden es, dass Ihre Begrüßungsrede zu lang wird – was Ihnen das Publikum danken wird.

Überlegen Sie, wie Sie Ihr Publikum ansprechen. „Meine sehr verehrten Damen und Herren" erscheint Ihnen vielleicht zu steif und förmlich. Doch ist es die Standardanrede für feierliche und offizielle Anlässe. Wer die „lieben Gäste", „lieben Kollegen" oder „lieben Freunde" begrüßt, gibt zu erkennen: Hier geht es ein bisschen legerer zu. Außerdem sollten Sie die weibliche Form nicht unter den Tisch fallen lassen, also die „lieben Kolleginnen und Kollegen" begrüßen, wenn Sie es nicht mit einer reinen Herrenrunde zu tun haben.

Das richtige Timing

Immer wieder laufen Begrüßungsreden aus dem Ruder, weil der Vortragende der Ansicht ist: Je bedeutsamer die Veranstaltung ist, desto ausführlicher muss die Begrüßung sein. Manche sind sogar der Ansicht, sie könnten durch eine weitschweifige Rede die Veranstaltung aufwerten.

Es liegt auf der Hand, dass eine langatmige Begrüßung der Veranstaltung eher schadet. Wer sich kurzfasst, kommt bei Gästen oder Teilnehmern wesentlich besser an. Und doch sollten Sie es mit der Kürze auch nicht übertreiben. Was gesagt werden muss, sollte in Ihrer Rede auch vorkommen. Ebenso wirkt es sympathisch, wenn Sie eine persönliche Anmerkung einflechten oder zu erkennen geben, dass Sie sich selbst nicht so bitterernst nehmen.

Die Begrüßung sollte zum rechten Zeitpunkt erfolgen. Bei einer Besprechung oder Veranstaltung mit pünktlichem Beginn werden Sie nicht lange zögern. Bei Einladungen „ab" einer bestimmten Uhrzeit ist es üblich, 20 bis 30 Minuten zu warten. Oder auch länger – je nach Gästeaufkommen.

Begrüßung beim Messeempfang

„Ist jeder mit einem Begrüßungsgetränk bewaffnet?", fragt Frau Vogt die Gäste. „Dann möchte ich Sie herzlich bei uns willkommen heißen, meine Damen und Herren. Mein Name ist Martina Vogt, ich leite das Team, das den heutigen Abend organisiert hat: unseren traditionellen Messeempfang, den wir heute zum neunten Mal in diesen Räumlichkeiten veranstalten. Was erwartet Sie? Ich will nicht zu viel verraten, aber es wird lecker, lustig und laut. Lecker ist hoffentlich das Buffet, lustig sind Sie hoffentlich selbst, und ein wenig laut könnte es werden, wenn so ab halb elf getanzt wird. Wenn Ihnen das zu laut wird, dann können Sie Ihre Gespräche an die Bar verlagern oder auf die Terrasse. Das Wetter meint es ja glücklicherweise gut mit uns. Und damit möchte ich das Buffet eröffnen. Ich wünsche Ihnen einen unterhaltsamen Abend mit vielen interessanten Gesprächen."

Schlicht und spontan statt bedeutsam

Eine Begrüßungsrede braucht Leichtigkeit. Wer den eigenen Worten zu viel Gewicht verleiht, wer seine Zuhörer mit tiefen Einsichten willkommen heißt, der zeigt sich als schlechter, zumindest aber als ungeschickter Gastgeber. Einen schweren Rotwein serviert man eben auch nicht als Aperitif.

Machen Sie sich die Begrüßung daher nicht selbst schwer. Ein paar schlichte Worte reichen vollkommen aus. Können Sie dann noch spontan auf die Situation eingehen (z. B. Gäste sind zu früh gekommen, Wetter ist günstig, Nachbarn feiern lautstarke Grillparty), haben Sie Ihre Sache gut gemacht.

Wie Ihnen die passenden Sätze einfallen

Schon bei den Minireden gibt es ein Problem: Wie schaffen wir es, dass uns gerade in diesem Augenblick die passenden Sätze einfallen? Wenn wir uns vorstellen: Wie sollen wir da unseren Namen verankern (siehe „Wie Sie Ihren Namen nennen" in „Sich selbst und andere vorstellen")? Oder was sollen wir Originelles über unsere Heimatstadt sagen? Ganz zu schweigen von den kuriosen Hobbys des Gastredners, den wir ankündigen sollen?

Die Antwort lautet: In der Situation fallen uns diese Dinge natürlich nicht ein. Die haben wir uns vorher zurechtgelegt. Aha, denken Sie vielleicht, die Minirede ist dann ja doch nicht so ganz „aus dem Stand". Ist sie aber doch. Denn es geht nicht darum, diese Rede vorauszuplanen und womöglich schon auswendig zu lernen. Ihre Rede entsteht erst in dem Moment, in dem Sie sie halten.

Das heißt aber nicht, dass Sie vollkommen blank sind, wenn Sie Ihre Rede beginnen. Sie kommen häufiger in die Verlegenheit, sich vorzustellen. Also lohnt es sich, sich zu überlegen: Welche Eselsbrücken gibt es, damit sich Ihre Zuhörer Ihren Namen besser merken können? Was können Sie über

Ihren Wohnort sagen? Oder über die Region, aus der Sie stammen? Ob Sie dann von diesem Material überhaupt Gebrauch machen, ist eine ganz andere Frage. Das entscheiden Sie in diesem Moment.

> **!** Auf die Vorbereitung kommt es an. Reden aus dem Stand können nur gelingen, wenn Sie auf ausreichend Material zurückgreifen können. Je mehr Material Sie zur Verfügung haben, desto mehr Möglichkeiten haben Sie und desto flexibler können Sie reagieren.

Sich Sätze zurechtlegen

Es scheint ein Widerspruch zu sein, aber selbstverständlich können Sie sich für Ihre Reden aus dem Stand bestimmte Sätze zurechtlegen: Formulierungen, die einprägsam sind und Ihr Anliegen genau auf den Punkt bringen. Diese Worte können Sie zu unterschiedlichen Gelegenheiten einsetzen. Und selbstverständlich können Sie die Formulierung auch variieren, die Worte zuspitzen, abmildern, in ihr Gegenteil verkehren – ganz wie Sie es in der betreffenden Situation brauchen. Genau das ist das Erfolgsgeheimnis der Reden aus dem Stand: Ihnen stehen so viele gute Formulierungen zu Verfügung, dass Sie zu den unterschiedlichsten Gelegenheiten ohne Schwierigkeiten die richtigen Worte wählen.

Anmoderationen vorbereiten

Ganz besonders wichtig ist die Vorbereitung für die Anmoderation. Viele bereiten sich allerdings schlecht oder auch gar nicht vor. Vielleicht auch weil sie etwas ratlos sind. Sie behelfen sich damit, dass sie zwanzig Minuten vor der Veranstaltung den Gast fragen: Wie soll ich Sie denn anmoderieren?

Kaum jemand kann diese Frage sinnvoll beantworten. Denn die Antwort zu finden, ist Aufgabe des Moderators. Aber sogar wenn der Gast jetzt irgendwelche Informationen aus dem Hut zaubert, wird noch keine Anmoderation daraus.

Auf welche Punkte Sie bei der Anmoderation achten müssen, wurde schon besprochen. Sie müssen gar nicht tief in das Thema einsteigen, sondern sich nur überlegen: Wie kann ich es für unsere Zuhörer interessant machen? Ebenso müssen Sie wissen, welche Position Ihr Gast hat, und was ihn für sein Thema qualifiziert. In vielen Fällen erfahren Sie das Nötige durch eine Internetrecherche. Auch ein Blick in die sozialen Netzwerke kann weiterhelfen. Und schließlich ist es auch nicht verboten, einige Tage vor der Veranstaltung Kontakt zu Ihrem Referenten aufzunehmen.

Dieses Material legen Sie sich zurecht. Wie Sie es präsentieren, entscheiden Sie „aus dem Stand". Womöglich ergibt sich aus der Situation ein neuer und viel besserer Zusammenhang. Dann werden Ihnen auch die passenden Worte dazu einfallen. Und wenn nicht, so sind Sie immerhin mit Ihrem Standardprogramm vorbereitet.

Auf den Punkt gebracht

- Der erste Schritt, wenn Sie frei sprechen lernen wollen: Beschäftigen Sie sich mit den Situationen, in denen Sie bereits frei sprechen: wenn Sie sich vorstellen oder Gäste begrüßen.

- Frei zu sprechen bedeutet nicht, ahnungslos zu sprechen. Wichtige Inhalte sollten Sie bereits vorher parat haben, einzelne Formulierungen können Sie sich zurechtlegen.

- Was Sie im Einzelnen sagen, entscheidet sich erst in der Situation. Bevor Sie das Wort ergreifen, wissen Sie nur, mit welchem Satz Sie einsteigen. Alle anderen Sätze kommen beim Sprechen.

- Vorstellung, Anmoderation und Begrüßung haben eine bestimmte Struktur, an der Sie sich orientieren können. Dann vergessen Sie nichts und Ihr Redebeitrag wird eine runde Sache.

Informieren: Bericht und Statement

Stellen Sie sich vor, Sie sitzen im Meeting. Die Rede kommt auf ein Projekt, an dem Sie mitarbeiten. Ihr Vorgesetzter wendet sich an Sie: „Sie gehören doch zum Projektteam. Bringen Sie uns eben mal auf den aktuellen Stand?" Oder ein Kollege präsentiert einen Vorschlag, der auch Ihre Arbeit betrifft. Ihr Vorgesetzter erkundigt sich bei Ihnen: „Was halten Sie davon?"

In anderen Fällen haben Sie selbst das Bedürfnis, sich zu äußern. Sie möchten die anderen über Ihre Arbeit informieren, Ihre Ergebnisse vorstellen oder einfach nur Ihre Meinung sagen. Vorbereitet sind Sie nicht – Sie müssen einfach loslegen. Und das fällt vielen schwer. Dabei zählt diese Form der Rede zu den häufigsten. Und mit der richtigen Methode ist sie relativ einfach zu erlernen.

In diesem Kapitel wollen wir uns mit zwei verschiedenen Redeformen beschäftigen: dem Bericht und dem Statement. In beiden Fällen geht es darum, die Zuhörer kurz und bündig zu informieren. Im ersten Fall über die Fakten, die wir kennen, aber unsere Zuhörer nicht. Im zweiten über unsere Meinung, die unsere Zuhörer erfahren sollen, aber nicht unbedingt teilen müssen. Im Unterschied zur Überzeugungsrede (der wir uns im nächsten Kapitel widmen) verfolgen wir nicht das Ziel, dass die Zuhörer sich uns anschließen. Das kann zwar die Wirkung unseres Statements sein, doch sein Ziel besteht zunächst einmal nur darin, unsere Sicht der Dinge darzulegen, also die anderen darüber zu informieren. Und das tun wir vor allem, wenn wir anderer Ansicht sind als sie.

Kompetenz ausstrahlen

Ein Aspekt ist in diesem Kapitel von besonderer Bedeutung: Egal, ob Sie Fakten oder Ihre Meinung darlegen, die Wirkung Ihrer Rede hängt entscheidend davon ab, ob Sie kompetent wirken. Dass Sie wissen, wovon Sie reden, wollen wir voraussetzen. Gerade Jüngere und Neueinsteiger haben aber oft das Problem, dass ihre Ausführungen nicht so ernst genommen werden, wie sie es verdient hätten. Sie wirken auf ihre Zuhörer nicht kompetent genug, obwohl sie es sind.

Kompetent müssen Sie sich gleich in zweifacher Hinsicht zeigen:

• Ihre Rede wirkt kompetent, wenn sie gut gegliedert, verständlich und dem Thema angemessen ist (dazu mehr in den Abschnitten über Bericht und Statement).

• Als Person strahlen Sie Kompetenz aus, wenn Sie ruhig, bedachtsam und konzentriert sprechen, mit einem Wort: durch Ihre Stimme.

Die Stimme der Kompetenz

Müssen wir unvorbereitet das Wort ergreifen, geraten wir unter Stress. Meist merkt man das auch unserer Stimme an. Sie klingt dünn, kurzatmig und nervös. Unsere Tonlage ist zu hoch. Manche verfallen auch in ein Dröhnen oder wirken verkrampft und angestrengt. All das lässt uns gerade nicht kompetent erscheinen. Wir müssen so ziemlich das Gegenteil von dem tun, wozu wir in dieser Situation neigen.

Sollen wir uns also verstellen? Das wird nicht so recht funktionieren. Vielmehr geht es darum, nicht in eine Abwärtsspirale hineinzugeraten: Wer sich gestresst fühlt, atmet falsch, spricht schlecht, bekommt von seinen Zuhörern negative Signale, was ihn noch nervöser macht. Wenn wir uns hingegen nur auf zwei Dinge konzentrieren:

• ruhig zu atmen und

• unsere Stimme tief und voluminös zu machen,

dann beruhigt uns das, und wir klingen genau richtig. Sogar wenn wir inhaltlich mal ins Stocken geraten: Solange unsere Stimme ruhig und tief bleibt, behalten wir klanglich einen sicheren Stand. Wir sind viel eher in der Lage, einen Fehler souverän auszubügeln. Wir wirken immer noch vertrauenerweckend.

Konzentriert, aber nicht angestrengt

Wenn wir unsere Zuhörer informieren, sind wir ernsthaft bei der Sache. Allerdings verfallen gar nicht wenige durchaus kompetente Fachleute in einen unangenehmen Sprechduktus: Sie bemühen sich, uns etwas zu erklären. Und weil sie so engagiert bei der Sache sind, klingen sie angestrengt. Das Ergebnis: Wir hören ihnen nicht gerne zu. Und das, was sie zu sagen haben, rauscht an unseren Ohren vorbei.

Am angenehmsten klingt Ihre Stimme im sogenannten Schokoladenton. Wie Sie den finden und pflegen, wird uns im letzten Kapitel näher beschäftigen. Hier nur der Hinweis: Wenn Sie dazu neigen, in einen angestrengten Ton zu verfallen, setzen Sie den möglichst sparsam ein, zum Beispiel, um etwas Wichtiges hervorzuheben. Wer durchgängig angestrengt redet, strapaziert seine Stimme und ermüdet seine Zuhörer.

Verständlich sprechen

Besonders wichtig, wenn Sie Informationen vermitteln: Sprechen Sie verständlich. Das fängt damit an, dass Sie Ihre Worte deutlich genug artikulieren, aber dabei noch ganz natürlich klingen – und nicht angestrengt. Wenn Sie zum Nuscheln neigen, sollten Sie allerdings lieber „überdeutlich" als „natürlich" sprechen, zumindest bei den wichtigen Passagen.

Verständlichkeit heißt aber auch: Vermeiden Sie komplizierte Ausdrücke und Fachwörter, ersetzen Sie abstrakte Begriffe durch anschauliche Formulierungen.

Ganz vermeiden müssen Sie Fachwörter allerdings nicht. Manchmal sind sie einfach der treffende Begriff. Oder Sie möchten andeuten, dass Sie das Fachvokabular beherrschen – dann dürfen Sie auch mal ein Fachwort verwenden. Allerdings sollten Sie es immer kurz erklären, wenn Sie nicht gerade vor einem reinen Fachpublikum reden.

Verständlichkeit zeigt sich aber auch im Satzbau. Redner, die sich verständlich ausdrücken, bilden kurze Sätze. Und sie bevorzugen Hauptsätze. Lieber zwei Hauptsätze als Hauptsatz mit Nebensatz. Und ein Hauptsatz mit zwei Nebensätzen? Da können Ihnen viele schon nicht mehr folgen. Denn Sie dürfen nicht vergessen: Bei der gesprochenen Rede können die Zuhörer im Satz nicht zurückspringen, sie müssen seinen Sinn sofort erfassen.

Die gesprochene Sprache hat ihre eigenen Regeln. Manches, was in der Schriftsprache unschön oder falsch ist, macht unsere gesprochene Rede lebendig und verständlich. Wir brechen Sätze ab, vergessen Wörter und es fällt niemandem auf. Vor allem aber lebt die gesprochene Sprache von Wiederholungen, Rückversicherungen und Hinweisen auf das, was jetzt kommt. Bei manchen Reden müsste hinter jedem zweiten Satz ein Doppelpunkt stehen. Das mag in der Schriftsprache grauenhaft erscheinen – in einer Rede aber sorgt es für Verständlichkeit. Es ist nämlich so: Wiederholungen, Rückversicherungen und Hinweise erleichtern unseren Zuhörer das Verständnis.

- **Wiederholungen** gehören zu den wirksamsten Mitteln in der gesprochenen Sprache. Sie sorgen dafür, dass Ihre Zuhörer die Rede besser verstehen, dass sich Inhalte besser festsetzen und dass Ihre Rede überzeugender klingt. Auf vieles können Sie verzichten, auf Wiederholungen nicht.

- **Rückversicherungen** lassen uns innehalten. „Das sehen Sie doch auch so, oder?"/„Ich muss da, glaube ich, nicht noch mehr erklären?" Die Zuhörer werden eingebunden, können Rückmeldung geben, zustimmen oder widersprechen. Das hilft auch Ihnen als Redner. Denn Sie können unmittelbar darauf reagieren.

- **Hinweise** geben Ihren Zuhörern Orientierung. Sie verdeutlichen Zusammenhänge („Daran schließt sich eine zweite Idee an…"/„Unser dritter Fall liegt völlig anders."/ „Mit einer einzigen Ausnahme …"). Hinweise kündigen an, dass jetzt etwas Wichtiges kommt: „Und damit kommen wir zum Kern des Problems."/„Genau darum geht es bei der ganzen Diskussion."

> **!** *Frei sprechen macht die Rede verständlicher*
>
> Wenn Sie frei sprechen, machen Sie viele dieser Dinge instinktiv richtig. Wenn Sie Ihre Rede vorher aufschreiben und ablesen, machen Sie viele dieser Dinge instinktiv falsch. Sogar ungeübte Redner drücken sich verständlicher aus, wenn sie frei sprechen. Der einzige Vorteil, wenn Sie vom Manuskript ablesen: Sie können nicht hängen bleiben. Aber selbst dieser Vorteil ist aus der Sicht der Zuhörer manchmal ein Nachteil.

Inhalte veranschaulichen

Bei Ihrem Publikum bleibt besonders viel hängen, wenn Sie Ihre Ausführungen veranschaulichen. Die beliebteste Form ist das Beispiel. Zuhörer sind fast immer dankbar, wenn sie für das, was sie gehört haben, ein Beispiel bekommen. Sie atmen innerlich auf, wenn sie im Anschluss an Ihre Erklärung die folgenden Sätze hören: „Was heißt das jetzt konkret? Ich gebe Ihnen mal ein praktisches Beispiel …" Durch diese Worte werden aber auch Sie selbst gedanklich auf die richtige Spur gesetzt. Sie zwingen sich selbst, den Inhalt möglichst greifbar zu machen.

Besonders nützlich sind Beispiele, die nahe an Ihren Zuhörern dran sind, mit denen sie sofort etwas verbinden können. „Nehmen wir an, Sie wollen von unterwegs auf Ihren Computer zuhause zugreifen …" Oder Sie ziehen Ihre Zuhörer in das Beispiel hinein: „Stellen Sie sich vor, Sie sind Eigentümer einer Firma mit 500 Beschäftigten und wollen eine neue Fertigungshalle bauen …"

Eine weitere Möglichkeit, Inhalte zu veranschaulichen: Sie zeichnen etwas auf. Auch wenn Ihr zeichnerisches Talent sehr begrenzt ist, so können Ihre Krakelskizzen Zusammenhänge verdeutlichen und Abstraktes erst erkennen lassen. Mit Strichmännchen, Häuschen und Koordinatensystem kommen Sie schon ziemlich weit. Und es lockert Ihre Rede auf.

Dritte Methode: Sie machen selbst vor, was Sie gerade erklärt haben. Das bietet sich vor allem an, wenn Sie eine Methode erklären oder technische Geräte im Spiel sind. Selbstverständlich besteht dann immer die Gefahr, dass die Sache schiefgeht. Das ist der berüchtigte „Vorführeffekt", auf den Sie dann mit milder Ironie hinweisen können (Näheres im „Notfallkoffer", ab Seite 119).

Der Bericht

Eine Redeform, die weithin unterschätzt wird, ist der Bericht oder die reine Informationsrede. Sie teilen Ihren Zuhörern bestimmte Tatsachen mit. Dazu braucht man doch keine ausgefeilte Rhetorik, glauben manche. Da muss man doch einfach nur sagen, wie es gewesen ist. Allerdings erweist sich gerade das als unerwartet knifflige Aufgabe. Spätestens wenn wir selbst aufgefordert werden, unsere Kollegen mal eben „auf den aktuellen Stand" zu bringen. Oder wenn wir ihnen kurz etwas erklären wollen, damit wir „auf Augenhöhe" weiterdiskutieren können.

> Das Ziel eines Berichts oder einer anderen Informations-
> rede besteht darin, den Zuhörern Fakten zu vermitteln,
> die sie noch nicht kennen und die für sie relevant sind.

Das Vorwissen der Zuhörer

Natürlich spielt das Vorwissen des Publikums immer eine
Rolle, doch beim Bericht und der Informationsrede müssen
wir es in besonderem Maße berücksichtigen. Einerseits dürfen wir den Zuhörern nicht erzählen, was sie ohnehin schon
wissen, sonst langweilen sie sich. Andererseits aber dürfen
wir sie auch nicht überfordern. Gerade Leute mit Fachwissen
haben manchmal die ungute Neigung, über die Köpfe ihrer
Zuhörer hinweg zu sprechen. Und es gibt Fachleute, die pflegen ganz bewusst die Fähigkeit, schwer verständlich zu sein.

> Auch wenn es immer wieder gern erzählt wird: Als Ex-
> perte erwerben Sie sich keineswegs Respekt, wenn Sie
> mit Fachbegriffen um sich werfen. Wer sich wirklich gut
> auskennt, ist in der Lage, sich auch Laien gegenüber
> verständlich zu machen.

In unserer Rede vermitteln wir aber nicht nur Neues. Was
wir unseren Zuhörern mitteilen, muss auf ihrem Vorwissen
aufbauen. Und das bringt es mit sich, dass wir immer wieder
auf Sachverhalte zu sprechen kommen, die schon bekannt
sind. Das tun wir, um manches noch einmal in Erinnerung
zu rufen. Oder auch um unsere Zuhörer besser „mitzuneh-
men": Erst erwähnen wir etwas, das sie schon kennen. Dann

sind sie eher bereit, sich auf etwas Neues einzulassen, das an das Bekannte anschließt.

Informieren „on demand"

„Bringen Sie uns auf den neuesten Stand?", „Geben Sie uns einen Überblick über Ihre Produkte?", „Erzählen Sie uns mal Näheres von der Tagung?" Zu unterschiedlichen Gelegenheiten werden wir aufgefordert, anderen zu berichten. Und nicht immer rechnen wir damit. Dann müssen wir improvisieren, aus dem Stand reden.

In vielen Fällen geht die Sache schief – und zwar einfach nur, weil der Angesprochene sofort anfängt zu reden. Vielleicht startet er schon mit dem Bekenntnis, darauf nicht vorbereitet zu sein. Das lässt ihn sofort unflexibel und/oder inkompetent erscheinen. Und dann ringt er sich noch ein paar Sätze ab, aus denen vor allem die Botschaft spricht: „Bitte, bitte, fragt mich so etwas nie wieder!"

Dabei kann schon ein kleiner Satz Wunder wirken. Ein Satz, der auch in unseren „Notfallkoffer" gehört. Er lautet: „Geben Sie mir eine Minute? Ich muss kurz meine Gedanken sortieren." Na gut, das sind zwei Sätze. Dafür sind sie kurz und zielen beide in ein und dieselbe Richtung: Sie gewinnen Zeit. Und genau das wird Ihre Rede schlagartig verbessern.

Übung

Sie halten jetzt eine kleine informative Rede. Sie berichten Ihren Freunden (wahlweise Ihren Arbeitskollegen), wie Ihr gestriger Tag war.

Bitte führen Sie diese Übung durch. Eine zeitliche Vorgabe gibt es nicht. Und wenn Sie es besonders gut mit sich mei-

nen, dann zeichnen Sie Ihre Rede auf. Das Ergebnis muss ja niemand außer Ihnen zu hören bekommen. Sie werden davon profitieren – und mit eigenen Ohren nachhören können, wie sehr Sie Ihre Redefähigkeit verbessern. Also, starten Sie Ihr Aufnahmegerät!

Die Struktur in Ihrem Kopf

Wir haben es schon im ersten Kapitel angesprochen: Was Ihnen die Aufgabe enorm erleichtert, sind zwei Dinge: Sie wissen, mit welchem Satz Sie anfangen und Sie haben die Struktur Ihrer Rede bereits im Kopf. Dabei kümmern Sie sich als Erstes um die Struktur und denken *erst dann* über den ersten Satz nach.

Wie können Sie einen Bericht sinnvoll strukturieren? Das hängt ganz davon ab, was Sie sagen wollen. Es gibt eine Reihe von bewährten Modellen, auf die Sie zurückgreifen können. Wir sehen uns drei Standardtypen näher an: den Zeitstrahl, die Aussage plus Belege und die drei Schubfächer.

Der Zeitstrahl

Nehmen wir Ihre erste Übungsrede über den gestrigen Tag. Eine besonders naheliegende Struktur ist die zeitliche Abfolge. Nach einer kurzen Einleitung erzählen Sie, was Sie morgens, vormittags, mittags, nachmittags und abends erlebt haben.

Das Ergebnis ist eine wohlgeordnete, aber vermutlich nicht besonders spannende Rede. Ein Ereignis reiht sich an das andere, wie es halt so geht in unserem Alltag. Wenn jemand genau das wissen will, nämlich wie Sie Ihren Alltag verbringen, ist das die angemessene Struktur. Auch wenn Sie Ihren Zuhörern erklären wollen, wie etwas gemacht wird, kann der Zeitstrahl helfen: „Als Erstes machen Sie dieses, dann jenes, daraufhin dies und das, und zum Abschluss vergessen Sie nicht den letzten Punkt."

> Der Zeitstrahl kommt infrage, wenn Sie Ihre Zuhörer über ein Erlebnis oder einen zeitlichen Abschnitt möglichst vollständig informieren wollen. Vorteil: Leicht zu handhaben. Nachteil: Es besteht die Gefahr, Wichtiges und Unwichtiges nicht voneinander zu unterscheiden und sich in Details zu verlieren. Darüber hinaus kann das Aneinanderreihen ermüdend wirken.

Aussage plus Belege

Eine zweite Möglichkeit, Ihre Rede zu strukturieren: Sie beginnen mit einer alles überwölbenden Aussage, einer Art Gesamturteil: „Gestern war der anstrengendste Tag des Jahres."/„Gestern war so ein Tag mit Höhen und Tiefen."/ „Gestern fing alles so harmlos an, und am Ende sind wir knapp an einer Katastrophe vorbeigeschrammt." So war Ihr Tag. Das steckt alles in diesem Satz.

Der Hauptteil Ihrer Rede besteht dann aus Belegen für Ihre Aussage. Der anstrengendste Tag? Sie erzählen, was Sie alles gemacht haben, wie Sie sich abgeplagt haben, Ihnen keine Ruhepause gegönnt war. Alles, was mit Ihrer Aussage nichts zu tun hat, zum Beispiel, was Sie zu Mittag gegessen haben, lassen Sie weg. Ihre Zuhörer werden es Ihnen danken.

Zum Abschluss fassen Sie das Gesagte noch einmal zusammen. So können Sie Ihre erste Aussage einfach bekräftigen, vielleicht sogar noch überbieten, oder Sie sehen sich gezwungen, Ihr Urteil abzumildern, weil sich im Laufe Ihrer Erzählung (im Hauptteil) herausgestellt hat, dass es ganz so anstrengend dann doch nicht gewesen ist. Solche milden Korrekturen kommen bei einer Rede aus dem Stand schon mal vor. Das muss kein Mangel sein. Vielmehr kann das ein Beleg für Ihre Spontaneität, Ihren Humor und Ihr flinkes Denken sein.

Etwas eleganter gelingt das Ende jedoch, wenn Sie noch eine Schlussfolgerung ziehen, etwas äußern, das über die erste Aussage hinausgeht. Zum Beispiel bei der Rede über den anstrengendsten Tag: „An solchen Tagen wird einem klar, dass man sich nicht für alles einspannen lassen darf."

Die Aussage plus Belege eignet sich, wenn Sie eine klare Botschaft übermitteln wollen. Vorteil: Ihre Zuhörer verstehen sofort, worauf Sie hinauswollen. Sie kommen ohne Schwierigkeiten ins Gespräch und auf den Kern der Sache. Nachteil: Sie verengen den Fokus Ihrer Rede. Wenn Sie das Thema noch nicht richtig durchdacht haben, besteht die Gefahr, dass Sie eine vorschnelle Aussage treffen.

Die drei Schubfächer

Eine sehr beliebte Struktur sind die drei Schubfächer. Dabei wählen Sie sich drei Aspekte, die für Ihr Thema relevant sind. Im Idealfall ergänzen sich die drei zu einem sinnvollen Ganzen. Bezogen auf unser Redebeispiel: Sie unterscheiden zwischen den Themen Arbeit, Freizeit und Familie und erzählen als Erstes, wie Ihr Tag beruflich gelaufen ist, dann berichten Sie von Ihren Freizeitaktivitäten und zuletzt kommen Sie auf Ihr Familienleben am gestrigen Tag zu sprechen.

Selbstverständlich kommen auch drei völlig andere „Schubfächer" infrage (z. B.: Was ist gestern gut gelaufen? Was ist schlecht gelaufen? Wo bin ich mir (noch) nicht im Klaren?). Es müssen nicht zwingend drei Schubfächer sein. Allerdings hat die Dreizahl sehr viel für sich. Sie ist überschaubar und einprägsam, für Sie selbst und für Ihre Zuhörer. Gleichzeitig bekommen Sie damit auch recht komplexe Fragen noch in den Griff. Sie müssen nicht schwarz-weiß malen, solange Sie noch die dritte Schublade für die Grautöne zu Verfügung haben.

Fast jedes Thema lässt sich in drei Schubfächern unterbringen. Wenn Sie weiter in die Tiefe gehen möchten, können Sie innerhalb eines Schubfachs noch einmal zwei bis drei Schubfächer eröffnen. Das ist für Ihre Zuhörer viel leichter nachzuvollziehen, als wenn Sie fünf Themenblöcke hintereinander abarbeiten.

Übrigens können Sie eines der drei Schubfächer auch einmal leer lassen. Dadurch lässt sich manchmal ein schöner Effekt erzielen. Bleiben wir bei unserem Redebeispiel: Sie haben angekündigt, über Ihre Arbeit, Freizeit und Familie zu erzählen. Und später teilen Sie mit: Für Freizeit blieb wieder mal kein Platz in Ihrem Tag (in diesem Fall muss die Freizeit natürlich ans Ende Ihrer Dreierreihe).

Die Dreierreihe eröffnet Ihnen die vielfältigsten Möglichkeiten. Bei einer Rede aus dem Stand besteht die Schwierigkeit allerdings darin, dass es Ihnen selten gelingen wird, die passenden Schubfächer einfach so aus dem Hut zu ziehen. Fast immer greifen wir auf Standardlösungen zurück, die schon viele vor uns benutzt haben. Oder wir legen uns eine eigene Dreierreihe für unsere Reden zurecht – für Themen, über die wir häufiger reden müssen.

Vermutlich die beliebteste Dreierreihe lautet: gestern – heute – morgen. Die eignet sich zum Beispiel, wenn Sie über ein Projekt berichten sollen.

- Als Erstes erzählen Sie, wie es zu dem Projekt gekommen ist. Was waren seine Ziele? Was ist in der Vergangenheit geschehen? Wo gab es Probleme? Haben Sie die in den Griff bekommen?

- Schubfach zwei: Stand heute. Was haben Sie erreicht? Was haben Sie gelernt? Haben sich die Ziele verändert? Was liegt noch im Argen?

- In das dritte Schubfach packen Sie alles, was mit der Zukunft zu tun hat: Wann ist das Projekt vermutlich abgeschlossen? Welche Möglichkeiten ergeben sich dann?

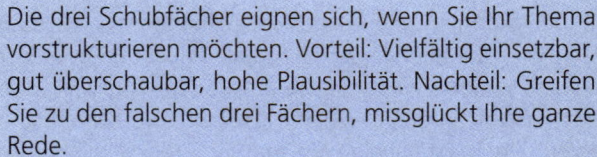

Die drei Schubfächer eignen sich, wenn Sie Ihr Thema vorstrukturieren möchten. Vorteil: Vielfältig einsetzbar, gut überschaubar, hohe Plausibilität. Nachteil: Greifen Sie zu den falschen drei Fächern, missglückt Ihre ganze Rede.

Der erste Satz

Erst wenn Sie sich über die Struktur klargeworden sind, überlegen Sie sich, mit welchen Worten Sie beginnen. Warum? Weil Ihnen das sehr viel leichter fallen wird und sich der Anfang Ihrer Rede oft schon aus der Struktur ergibt. Folgen Sie beispielsweise bei Ihrem Bericht über den gestrigen Tag dem Zeitstrahl, könnten Sie so anfangen: „Ich möchte Ihnen jetzt erzählen, wie ich den gestrigen Tag verbracht habe." Alles Weitere folgt: „Der Wecker klingelte um halb sieben …"

Haben Sie sich für die Struktur „Aussage plus Belege" entschieden, liegt es nahe, mit der fraglichen Aussage nicht lange hinter dem Berg zu halten: „Wissen Sie, gestern war so ein Tag, da habe ich wieder einmal gemerkt, wie gut es ist, Freunde zu haben."

Und „die drei Schubfächer" könnten Sie veranlassen, das Thema entsprechend aufzuschlüsseln, damit Ihre Zuhörer gleich wissen, worauf sie sich einzustellen haben. Bezogen auf unser Beispiel: „Sie möchten wissen, wie mein gestriger Tag gelaufen ist? Ich werde es Ihnen sagen: erstens was in meinem Beruf los war, zweitens wie ich mit meinen Mitmenschen zurechtgekommen bin und drittens wie sich das alles auf meine Gesundheit ausgewirkt hat."

Nun zeigt das dritte Beispiel vor allem, dass nicht jede Struktur für jedes Thema geeignet ist. Doch geht es um etwas anderes – nämlich, dass Sie von Anfang an Klarheit und Sicherheit vermitteln. Das erhoffen sich Ihre Zuhörer bei einer informativen Rede wie einem Bericht. Und das erreichen Sie am einfachsten, indem Sie gleich zur Sache kommen und auch die Struktur der Rede schon andeuten.

> **!** Steigen Sie zuversichtlich in Ihre Rede ein. Äußern Sie keine Bedenken oder Zweifel, ob Sie das jetzt wirklich schaffen. So ein Einstieg wirkt unbeholfen und nimmt Ihre Zuhörer gegen Sie ein. Um positiv einzusteigen, können Sie sich auch erst einmal bedanken, dass Sie über Ihr Thema sprechen dürfen. In manchen Fällen wird so ein einleitender Dank sogar von Ihnen erwartet.

Selbstverständlich können Sie Ihre Zuhörer auch erst einmal kurz auf das Thema einstimmen. Vielleicht gibt es einen aktuellen Aufhänger, Sie kennen ein schönes Zitat oder möchten mit einer verblüffenden Aussage Interesse wecken. Das kann Ihrer Rede zusätzlich Schwung geben. Allerdings sollten Sie sich am Anfang nicht zu viel zumuten. Machen Sie sich die Sache so einfach wie möglich. Niemand wird es Ihnen verübeln, wenn Sie gleich zur Sache kommen. Schon gar nicht bei einer Rede aus dem Stand.

Übung

Jetzt halten Sie Ihre kleine informative Rede ein zweites Mal. Berichten Sie Ihren Freunden (wahlweise Arbeitskollegen), wie Ihr gestriger Tag war. Nehmen Sie sich nicht länger als eine Minute Zeit, um Ihre Gedanken zu ordnen. Haben Sie Ihre erste Rede aufgezeichnet, sollten Sie das auch diesmal tun und anschließend beide Versionen vergleichen.

Das Statement aus dem Stand

„Das war mal ein Statement", sagen wir anerkennend, wenn jemand klar und deutlich seine Meinung gesagt hat. Darum geht es nämlich bei einem Statement: Dass Ihre Zuhörer wissen, wie Sie über ein bestimmtes Thema denken, was Sie von einem Vorschlag halten, wie Sie die künftige Entwicklung einschätzen oder was Sie an der Stelle eines anderen tun würden.

Ein Statement zielt nicht darauf ab, die anderen zu überzeugen. Es begnügt sich damit, die eigene Meinung kundzutun. Das ist allerdings nicht selten seine eigentliche Stärke. Es erweckt den Anschein, als verzichte es auf jede Einflussnahme. Doch gerade dadurch wirkt es oftmals viel stärker auf die Zuhörer ein.

Sie sollen/wollen Farbe bekennen

Manchmal werden Sie ausdrücklich dazu aufgefordert, ein Statement abzugeben. Möglicherweise wollen Sie das aber gar nicht und würden sich lieber noch ein wenig bedeckt halten. Aber nein, die anderen möchten, dass Sie Stellung beziehen. Haben Sie Vorbehalte, dann müssen die jetzt auf den Tisch. Samt Begründung.

Das kann Sie in eine etwas heikle Lage bringen. Sollen Sie sich gegen die anderen stellen? Sollen Sie Ihre Bedenken herunterschlucken, sich auf Linie bringen lassen? Oder einen Mittelweg einschlagen? Ein Statement schafft hier Klarheit. Es legt Ihre Position fest. Deshalb sollten Sie mit dieser Redeform besonders sorgfältig umgehen.

In anderen Fällen ergreifen Sie selbst das Wort, um ein Statement abzugeben. Sie wollen, dass die anderen wissen, wie Sie über ein bestimmtes Thema denken und wie Sie zu Ihrer Einstellung gekommen sind. Sie tun dies zum Beispiel, weil Sie einen Beschluss nicht mittragen wollen, weil Sie dafür nicht die Verantwortung übernehmen möchten. Ein Statement ist aber auch sinnvoll, wenn Sie selbst der Verantwortliche sind und wissen, dass die anderen Vorbehalte gegen Ihre Entscheidung haben. Dann können Sie versuchen, die anderen mit einer Überzeugungsrede (siehe nächstes Kapitel) umzustimmen. Oder aber Sie geben ein Statement ab (und beenden damit die Diskussion).

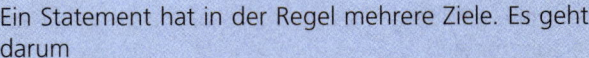

Ein Statement hat in der Regel mehrere Ziele. Es geht darum

- darzulegen, wie der Redner über ein bestimmtes Thema denkt und welche Position er vertritt.
- dafür zu sorgen, dass die Zuhörer den vertretenen Standpunkt nachvollziehen können.
- Unabhängigkeit, Kompetenz und Verantwortungsbewusstsein zu zeigen.

Ihre Meinung zählt

Wenn Sie ein Statement abgeben, dann nur, weil Ihre Meinung in der betreffenden Angelegenheit zählt. Dafür kann es unterschiedliche Gründe geben: Sie sind an der Entscheidung beteiligt, sollen sie verantworten und dafür geradestehen. Oder Sie kennen sich mit dem Thema besonders gut aus, verfügen über Erfahrungen, an denen die anderen teilhaben sollen. Womöglich sind Sie auch gerade *nicht* beteiligt, haben mit der ganzen Angelegenheit nichts zu tun, sondern sollen als Außenstehender Stellung nehmen. Sie haben einen unvoreingenommenen, neutralen Blick. Und davon wollen Ihre Zuhörer profitieren.

Die Struktur eines Statements

In einem Statement bringen Sie nicht nur Ihre Meinung zum Ausdruck. Sie teilen Ihren Zuhörern auch mit, wie Sie zu Ihrem Urteil gekommen sind und worauf es sich gründet. Dies können Sie in unterschiedlichen Varianten tun:

- Das Standardformat: Gleich zu Anfang äußern Sie Ihre Meinung. Dann erläutern Sie Ihre Gründe.

- Die Erzählvariante: Sie berichten von Ihrer Auseinandersetzung mit dem Thema. Erst am Ende verraten Sie den Zuhörern Ihren (aktuellen) Standpunkt.

- Die Pro-und-Kontra-Variante: Sie nennen die Argumente für eine Sache, daraufhin die Gegenargumente, und am Ende formulieren Sie Ihre eigene Position.

Übung

Geben Sie ein Statement zu dem Thema: „Onlinekurse und Webinare in der beruflichen Fortbildung – was halten Sie davon?" ab. Halten Sie einen Moment inne. Welche Position möchten Sie vertreten? Welche Gründe sprechen dafür? Können Sie sich auf Erfahrungen stützen, die für Ihre Zuhörer nachvollziehbar sind? Haben Sie das geklärt, können Sie beginnen (und vergessen Sie nicht, Ihr Aufnahmegerät einzuschalten).

Das Statement im Standardformat

Einfach und doch effektiv: Gerade für Reden aus dem Stand bietet sich das Standardformat an. Die Gefahr, sich zu verhaspeln, ist hier wohl am geringsten. Denn geistig müssen Sie dabei die kürzesten Wege gehen, Sie bleiben nahe bei Ihren Zuhörern und müssen sich niemals die Frage stellen: Worauf wollte ich gleich nochmal hinaus?

Zunächst äußern Sie Ihre Meinung über das betreffende Thema. In der Regel haben Sie sich diese Meinung schon gebildet, sonst würde es Sie kaum dazu drängen, Ihr Statement abzugeben. Und Sie werden auch nicht unbedingt zu Themen befragt, von denen Ihr Gegenüber glaubt, Sie hätten noch nie darüber nachgedacht.

Und doch: Sind Sie sich unsicher, sind Sie schwankend, so ist das gar kein Problem, sondern genau Ihre Botschaft. „Vor einem Jahr noch habe ich geglaubt, Onlinekurse wären eine tolle Sache. Jetzt bin ich mir nicht mehr so sicher. Und ich will Ihnen gerne sagen, warum: …"

Das ist nämlich der zweite Teil Ihres Statements, und zwar der entscheidende. Nun kommen Ihre Erfahrungen, Ihre Überlegungen, Ihre Gründe zur Sprache. Sie untermauern Ihre Ansicht: „Im vergangenen Jahr habe ich an zwei Onlinekursen teilgenommen …"/„Ich habe mit verschiedenen Trainern gesprochen, die Webinare anbieten …"/„Da gibt es eine interessante Studie der Universität Mannheim …"

Haben Sie keine Erfahrungen, gibt es keine Überlegungen und keine Gründe? Dann wird eben das zum Teil Ihres Statements: „Darüber habe ich mir noch keine Gedanken gemacht." Und dann greifen Sie beherzt in Ihren Notfallkoffer (siehe letztes Kapitel), um den hilfreichen Satz anzubringen:

„Wichtiger scheint mir auch etwas ganz anderes zu sein. Nämlich …" Auf diese Weise können Sie bequem auf Ihr Lieblingsthema überleiten, zu dem Sie eine feste Meinung haben und bei dem Sie die guten Gründe auch dann noch herbeten können, wenn man Sie nachts um drei aus dem Schlaf holt.

Zum Abschluss Ihres Statements wiederholen Sie noch einmal Ihre Meinung. Denn die muss jedem Ihrer Zuhörer deutlich werden. Ihr Statement ist nicht dann verunglückt, wenn Ihre Zuhörer anderer Meinung sind, sondern wenn sie sich fragen: Worauf wollte die eigentlich hinaus? Um auf diesen Schlusspunkt hinzuleiten, bieten sich Formulierungen an wie: „Und deshalb bin ich überzeugt, …" Oder vorsichtiger: „Vielleicht können Sie jetzt verstehen, warum ich glaube, …"

> Die Standardform kommt für fast alle Statements infrage. Vorteil: Ihre Zuhörer wissen sofort, welche Position Sie vertreten. Nachteil: Ihre Zuhörer wissen sofort, welche Position Sie vertreten. **!**

Die Erzählvariante des Statements

Haben die Zuhörer starke Vorbehalte gegen Ihre Meinung, ist es häufig günstiger, nicht gleich damit herauszurücken. Sonst schalten die Leute ab und lassen sich gar nicht mehr auf Ihre Begründung ein. Oder sie achten nur darauf, an welcher Stelle sie später einhaken können, um Ihnen zu widersprechen: „An zwei Onlinekursen teilgenommen? Das ist ja lächerlich!"/„Wissenschaftliche Studie? Was heißt das

schon? Da gibt es bestimmt hundert andere, die das Gegenteil herausgefunden haben!"

Also lassen Sie nicht gleich die Katze aus dem Sack, sondern
erzählen Sie, wie Sie nach und nach zu Ihrer Meinung ge-
langt sind. Vielleicht waren Sie einmal der gleichen Ansicht
wie Ihre Zuhörer? Sie haben diesen und jenen Eindruck ge-
wonnen, den Ihr Publikum mit Ihnen teilt? Doch dann hatten
Sie dieses besondere Erlebnis/diese wichtige Begegnung/die-
ses aufschlussreiche Gespräch, was auch immer. Eigentlich
hätte das auch Ihren Zuhörern so gehen können …

Sie führen das Publikum allmählich an Ihren Standpunkt
heran. Auf diese Weise können Sie mit mehr Sympathie
rechnen, als wenn Sie sich sofort als Vertreter der Gegenposition zu erkennen geben. Erst zum Abschluss erfahren die
Zuhörer Ihre Meinung.

Wollen Sie die Gegensätze weiter abmildern, können Sie
hinzufügen, dass Sie Verständnis oder sogar sehr viel Sympathie für die Gegenposition haben. Doch können Sie aus
den genannten Gründen nicht anders, als Ihre Position zu
vertreten. Und wenn Sie noch weiter nachlegen wollen,
dann bedanken Sie sich ausdrücklich dafür, dass Sie Ihre
Position darlegen konnten. Sie enden mit zwei Sätzen aus
dem Notfallkoffer: „Auch wenn wir unterschiedlicher Meinung sind, so ist es doch wichtig, dass wir einander zuhören.
Vielen Dank, dass Sie mir zugehört haben."

Die Erzählvariante eignet sich für kontroverse Themen und/oder wenn noch nicht ganz klar ist, welche Position Sie einnehmen. Vorteile: Tendenziell ist die Erzählvariante spannender, erregt mehr Aufmerksamkeit und polarisiert weniger. Nachteil: Sie stellt höhere Anforderungen an Ihr rednerisches und erzählerisches Geschick.

Die Pro-und-Kontra-Variante

Manche Themen lassen sich recht gut in Gegensätzen fassen: Sollen Sie sich ein neues Auto kaufen oder nicht? Was spricht dafür, Frau Perl zur Projektleiterin zu machen, und was dagegen? Oder auch: Was meinen die Befürworter des Mindestlohns – und was seine Gegner?

Diese Gegenüberstellung kommt auch infrage, wenn Sie selbst weder klar dafür noch klar dagegen sind, sondern eine dritte Position favorisieren. Ja, gerade dann wirkt die Pro-und-Kontra-Variante besonders überzeugend. Denn Ihre Zuhörer bekommen den Eindruck, Sie hätten die Argumente sorgfältig gegeneinander abgewogen, um sich dann für die beste Lösung zu entscheiden.

Natürlich können Sie auch für die eine Seite Partei ergreifen. Dann müssen Sie die Argumente der anderen Seite eben entkräften. Doch erst einmal sollten Sie sie ohne jede Wertung nennen. Immerhin sollen Ihre Zuhörer annehmen, dass Sie die Argumente beider Seiten gewürdigt haben und nicht etwa auf einem Auge blind sind.

Daraus ergibt sich der einfache Bauplan: Nach einer kurzen Einleitung stellen Sie die Pro-Argumente vor. Bei einer Rede aus dem Stand sollten das nicht mehr als zwei bis drei sein. Anschließend präsentieren Sie möglichst die *gleiche* Anzahl an Kontra-Argumenten. Nur dann wirkt Ihre Gegenüberstellung ausgewogen.

Abschließend beziehen Sie selbst Stellung: Sie erklären das eine oder andere Argument für schlüssig oder abwegig, Sie können es stützen, widerlegen – oder weiterentwickeln. Das wirkt besonders souverän, vor allem zum Abschluss, wenn Sie beispielsweise zusammenfassen: „Alles in allem glaube ich: Onlineseminare sind in weiten Bereichen für unsere berufliche Fortbildung nicht geeignet. Doch entwickelt sich der Markt rasant. Daher bin ich dafür, dass wir uns in einem halben Jahr noch mal mit der Frage befassen."

> **!** Die Pro-und-Kontra-Variante kommt infrage, wenn Sie als neutrale Instanz auftreten wollen, als eine Art Schiedsrichter, der entscheidet, was richtig ist. Vorteil: Die Struktur ist eingängig und hat ihre ganz eigene Überzeugungskraft. Sie brauchen keine eigenen Argumente zu entwickeln, sondern bedienen sich bei Gegnern und Befürwortern. Nachteil: Sie müssen sich mit dem Thema sehr gut auskennen und alle relevanten Argumente bereits parat haben. Lassen Sie nur ein wichtiges Argument unter den Tisch fallen, kann das Ihrem Statement sehr schaden.

Ihre Begründung fällt auf Sie selbst zurück

Wenn Sie ein Statement abgeben, teilen Sie mir nicht nur Ihre Meinung mit, sondern Sie nennen mir auch Ihre Gründe.

Nicht um mich zu überzeugen, sondern damit ich Ihre Meinung *nachvollziehen* kann. Das ist ein wichtiger Unterschied: Er trennt das Statement von der Überzeugungsrede.

Ihre Gründe müssen nicht *meine* Gründe sein. Und doch wäre es ein schwerer Fehler anzunehmen, die Einstellung Ihrer Zuhörer bräuchte Sie nicht weiter zu kümmern, weil es ja um Ihren Standpunkt geht. Vielmehr sollten Sie sich klarmachen: Alles, was Sie als Begründung anführen, fällt unmittelbar auf Ihre Person zurück.

Die Gründe eines bornierten Tierfeindes

„Ich bin dagegen, dass wir uns ein Haustier anschaffen. Haustiere stinken, kosten viel Geld und machen nur Arbeit. Daher kommt ein Haustier für mich nicht infrage." Mit einem solchen Statement zeigen Sie, worauf Sie Wert legen, und natürlich auch, was bei Ihren Überlegungen keine Rolle spielt.

Um den Unterschied zu verdeutlichen: In einer Überzeugungsrede würden Sie die drei Argumente an Ihre Zuhörer richten: „Stört Sie nicht der Tiergeruch?" – „Haben Sie an die Kosten gedacht?" – „Haustiere machen mehr Mühe, als man denkt. Und am Ende bleibt alles an Ihnen hängen." Das geben Sie Ihren Zuhörern zu bedenken, weil Sie meinen, das sollte bei deren Entscheidung eine Rolle spielen. Über Ihre eigenen Kriterien ist damit noch nichts gesagt. Die können ganz anders aussehen. Sie könnten die gleichen Argumente bringen, auch wenn Sie selbst viele Haustiere haben.

Die Wertvorstellungen der Zuhörer nicht ignorieren

Selbstverständlich können Sie sich bei Ihrer Begründung auch auf Werte berufen, die für Ihre Zuhörer keine große Rolle spielen. Aber Sie werden mit Ihrem Statement auf Ablehnung stoßen, wenn Sie die Wertvorstellungen Ihrer Zuhörer komplett missachten. Damit stellen Sie sich nämlich komplett gegen sie.

Sie machen es Ihrem Publikum wesentlich leichter, Ihren Standpunkt nachzuvollziehen, wenn Sie sich auch auf Werte beziehen, die es teilt. Erst dadurch schaffen Sie die Grundlage dafür, dass Ihr Statement die Zuhörer auch erreicht.

Was die Mitarbeiter an den Seminaren interessiert

Thema Onlineseminare in der beruflichen Fortbildung: Gegenüber ihren Mitarbeitern spricht sich Frau Dirks für die Webinare aus. Als Gründe gibt sie die niedrigeren Kosten, die Zeitersparnis und die Qualität der Seminare an, die zumindest bei den etablierten Anbietern beachtlich sei. Bis hierhin läuft das Statement völlig an ihren Mitarbeitern vorbei. Doch dann fügt sie hinzu: „Worauf es für mich aber besonders ankommt, ist die Zufriedenheit der Seminarteilnehmer. Hier gibt es offen gesagt sehr unterschiedliche Erfahrungen. Entscheidend ist: Die wirklich guten Webinare bekommen da sehr gute Bewertungen. Und genau deshalb sollten wir auch nur solche Angebote berücksichtigen."

Sogar wenn Sie die Interessen Ihrer Zuhörer gegenüber anderen Verpflichtungen zurückstellen müssen: Sprechen Sie das aus. Sonst wird sich Ihr Publikum einfach übergangen fühlen.

Persönliche Gründe und Bauchgefühl

Dürfen Sie bei einem Statement auch Persönliches ins Spiel bringen, von Erlebnissen berichten, sich auf Ihr Bauchgefühl berufen? Aber ja. So etwas kann Ihr Statement anschaulicher, farbiger und vor allem glaubwürdiger machen. „Ich weiß auch nicht, aber ich habe ein ganz schlechtes Gefühl bei der Sache …" Das ist das Gegenteil eines stichhaltigen Arguments. Und doch werden Sie damit Ihre Zuhörer erreichen – solange es keine bequeme Ausrede ist, mit der Sie ungewohnte Vorschläge abwürgen. Es kommt darauf an, dass Ihrer Zuhörer Ihre persönlichen Gründe nachvollziehen können und sich Ihr unbestimmtes Bauchgefühl auch ein wenig auf diese überträgt. Dann erreicht sie Ihr Statement.

Das gilt auch, wenn Ihr Publikum den Eindruck hat: Sie haben sich die Sache nicht leichtgemacht. So viele Vernunftgründe sprachen dafür. Aber da war dieser Zweifel in Ihnen. Irgendetwas stimmt da nicht, sagte Ihre innere Stimme. Die Sache scheint irgendwie zu perfekt. Sie haben noch einmal Erkundigungen eingezogen, Sie haben angefangen, an Ihrem Geisteszustand zu zweifeln. Sie haben eine Expertin gefragt, die hat Ihnen geraten: „Machen Sie das. So eine Chance bekommen Sie kein zweites Mal." Sie waren kurz davor zuzugreifen. Aber dann konnten Sie nicht gegen Ihr inneres Gefühl handeln. Sie haben sich entschieden, den Vorschlag abzulehnen. Das ist ein Statement, mit dem Sie als Person greifbar werden und das deswegen nicht einfach an Ihren Zuhörern vorbeirauscht.

Auf den Punkt gebracht

- Bei einer informativen Rede hängt die Wirkung stark davon ab, ob Sie Kompetenz ausstrahlen. Kompetenz zeigt sich in Ihrem Auftreten und in der Anlage Ihrer Rede. Die muss gut gegliedert und verständlich sein.

- Bei einem Bericht vermitteln Sie Ihren Zuhörern Fakten, die sie noch nicht kennen, für sie aber relevant sind. Sie werten nicht.

- Müssen Sie unvorbereitet das Wort ergreifen, sollten Sie nicht sofort loslegen. Es nützt Ihrer Rede enorm, wenn Sie um etwas Zeit bitten, um Ihre Gedanken zu ordnen.

- In einem Statement teilen Sie mit, wie Sie über ein bestimmtes Thema denken und was Sie zu dieser Einschätzung veranlasst. Sie müssen Ihre Zuhörer nicht überzeugen, sie müssen Ihren Standpunkt nur nachvollziehen können. Achten Sie darauf, wie Sie Ihre Meinung begründen. Denn das fällt auf Sie als Person zurück.

Argumentieren und bewegen: die Überzeugungs- und Ermutigungsrede

Sie haben ein Anliegen und brauchen Unterstützung, Sie stoßen auf Widerstand und wollen, dass die anderen mitziehen. Oder Sie selbst haben Bedenken gegen ein Vorhaben und möchten es verhindern. Was tun Sie? Sie ergreifen das Wort, Sie halten eine Rede. Sie wollen Ihre Zuhörer überzeugen, nicht bloß informieren. Sie möchten auf die anderen einwirken, ihre Einstellung verändern, ihre Meinung, vielleicht auch ihr Verhalten beeinflussen.

Um solche Reden geht es in diesem Kapitel. Reden, mit denen Sie Einfluss nehmen wollen. Das ist an erster Stelle die Überzeugungsrede, bei der Sie möglichst starke Argumente für Ihre Sache vorbringen. Dann sind es aber auch emotionale Reden, bei denen Sie vornehmlich die Gefühle Ihrer Zuhörer ansprechen. Sie können Ihr Publikum zornig machen oder stolz, Sie können es zu Tränen rühren oder zuversichtlich stimmen. Dabei geht es aber nicht allein um das Gefühl. Sie wollen Ihre Zuhörer emotional bewegen, das heißt, Sie sprechen die Gefühle an, um das Publikum irgendwo hinzuführen, kurz, um es zu beeinflussen. Als ein Beispiel, das im Beruf und Privatleben von Nutzen sein kann, greifen wir uns die Ermutigungsrede heraus.

Sie machen sich zum Anwalt

Natürlich nehmen Sie auch durch eine informative Rede oder ein Statement Einfluss. Doch gibt es einen entscheidenden Unterschied: Bei Berichten und Statements, mit denen wir uns im zweiten Kapitel beschäftigt haben, wollen Sie lediglich etwas mitteilen, Ihre Zuhörer von etwas in Kenntnis setzen. Sie sind der Übermittler von Inhalten. Und der Erfolg Ihrer Rede bemisst sich daran, ob das Publikum diese Inhalte aufnimmt und sie richtig versteht.

Bei den Reden in diesem Kapitel ist das völlig anders. Nicht selten kennt Ihr Publikum die Fakten, auf die Sie Ihre Argumente stützen, vollständig. In vielen Fällen ist gerade das ein Vorteil, denn dann wird es diese Fakten nicht mehr infrage stellen – was Ihnen sehr leicht passieren kann, wenn Sie irgendwelche Neuigkeiten aus dem Hut ziehen. Die kann das Publikum nicht einordnen, die nimmt es Ihnen erst mal nicht ab.

Sind die neuen Informationen umfangreicher, müssen Sie sogar kurzzeitig den Redetyp wechseln und auf „informative Rede" umschalten. Das kann ein Problem sein, denn Sie treten nicht als neutraler Vermittler von Informationen auf, sondern als Anwalt.

Partei ergreifen für die gute Sache

Anwalt? Da denken viele an jemanden, der es mit der Wahrheit nicht so genau nimmt, der sich die Fakten so zurechtbiegt, wie er es brauchen kann, der jedes Schlupfloch ausnutzt und alles zugunsten seines Mandanten auslegt. Wenn im Film der Staranwalt zum Plädoyer ansetzt, dann spricht er vielleicht rhetorisch brillant, aber selten die Wahrheit. Kurz gesagt: Der Anwalt gilt nicht als besonders glaubwürdig.

Diese Vorstellung müssen wir erst einmal beiseiteräumen, was uns am leichtesten gelingt, wenn wir uns vorstellen, dass wir uns selbst einen Anwalt nehmen. Unser Wunschkandidat wäre gewiss nicht ein durchtriebener Rechtsverdreher, sondern jemand, der vertrauenswürdig ist und Glaubwürdigkeit ausstrahlt. Und der mit Überzeugung auf unserer Seite steht, der unseren Fall genau verstanden hat, der die Rechtslage kennt und uns daher am besten *vertreten* kann.

Denn seine Aufgabe besteht darin, das Gericht zu überzeugen und es in unserem Sinne zu beeinflussen, weil wir dazu nicht in der Lage sind. Uns fehlt das Wissen, zugleich aber sind wir emotional so verstrickt, dass wir uns selbst gegen eine Anklage nicht gut verteidigen können. Uns fehlt die nötige Distanz.

Ein letzter Punkt: Stellen Sie sich einen Anwalt vor, der Sie nicht verteidigt, weil das sein Beruf ist und Sie ihn dafür bezahlen, sondern weil er aus eigener Überzeugung handelt. Damit sollte Ihre Rolle als argumentierender Redner klar sein. Selbstverständlich sind Sie parteiisch. Doch ergreifen Sie Partei für ein Anliegen, das Sie selbst für gut und berechtigt halten.

Innere Distanz wahren

Ein guter Anwalt muss zu seinem Fall die nötige Distanz haben, ein überzeugender Redner auch. Das mag überraschen, denn wir neigen zu der Ansicht, dass jemand, der besonders tief in einer Angelegenheit steckt und für eine bestimmte Sache „brennt", automatisch überzeugend wirkt. Aber das stimmt oft nicht. Denn was einem solchen Redner fehlt, ist der Abstand – die Fähigkeit, sein Anliegen aus einer anderen Perspektive zu betrachten. Genau die braucht er aber, um zu überzeugen. Er hat es ja in der Regel mit Leuten zu tun, die noch nicht mit ihm einer Meinung sind. Wenn er die umstimmen will, muss er sich in sie hineinversetzen. Und dazu braucht er Distanz.

Das gilt sogar für die emotionalen Reden, die wir erwähnt haben. Wir sollten uns darüber im Klaren sein, wie wir unsere Zuhörer emotional erreichen können. Ohne Distanz müssen wir uns einzig und allein auf den „Ansteckungseffekt" verlassen. Wir sind wütend, und so reißen wir unsere Zuhörer mit, die sich von unserer Wut anstecken lassen. Glauben wir. Die Erfahrung zeigt allerdings, dass solche Reden auch danebengehen können und eher verstören als überzeugen. Die Reden hingegen, die beim Publikum besonders heftige Emotionen entfachen, sind häufig mit kühlem Kopf erdacht worden.

Das schließt nicht aus, dass man während der Rede Emotionen zeigt, ja sich durchaus auch ergreifen lässt. Doch werden Sie die größte Wirkung erzielen, wenn Sie zuvor in der Lage waren, Distanz zu halten.

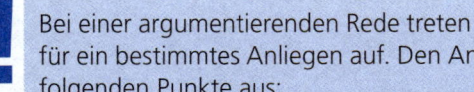

Bei einer argumentierenden Rede treten Sie als Anwalt für ein bestimmtes Anliegen auf. Den Anwalt zeichnen folgende Punkte aus:

- Er ist keine neutrale Instanz, sondern vertritt Interessen.
- Sein Ziel ist es, die maßgeblichen Zuhörer in seinem Sinne zu beeinflussen.

- Er verfügt über das nötige Wissen und hat den Sachverhalt gründlich verstanden.
- Er weiß, welche Argumente bei den maßgeblichen Zuhörern zählen und welche nicht.
- Er ist parteiisch, aber nicht selbst Partei. Er wahrt Distanz.

Wer sind die maßgeblichen Zuhörer?

Es ist gerade schon angeklungen: Bei einer Überzeugungsrede gibt es Zuhörer, auf die es besonders ankommt. So konzentriert sich ein Anwalt darauf, welche Argumente das Gericht überzeugen. Für ihn ist völlig unerheblich, ob er damit beim Staatsanwalt, bei der Gegenseite oder beim Publikum auf Verständnis trifft.

In vielen Situationen ist das ganz ähnlich. Sie sprechen vor vielen Leuten, entscheidend sind aber nur wenige, manchmal nur eine einzige Person, zum Beispiel Ihre Vorgesetzte. Zudem gibt es Zuhörer, die Sie gar nicht umstimmen können – die sind vielleicht voreingenommen, haben sich ihr Urteil schon gebildet oder gehören der Gegenseite an. Oder es handelt sich um Zuhörer, die zu wenig von Ihrem Thema verstehen oder denen Ihr Anliegen vollkommen gleichgültig ist. Die sitzen eigentlich nur als „Ohrenzeugen" dabei.

Solche Zuhörer dürfen wir natürlich nicht mit denen verwechseln, die von Ihrem Thema zwar noch nie gehört haben, die Sie aber interessieren und überzeugen wollen. Das können im Fall des Falles sehr wohl *die maßgeblichen*

Zuhörer sein, während Sie dann die Fachleute vernachlässigen können, weil die sich schon längt ihre Meinung gebildet haben.

Bevor Sie eine argumentative Rede halten, sollten Sie wissen, wen Sie damit überzeugen wollen. Auf diese Zuhörer müssen Sie Ihre Argumente zuschneiden.

Schließen Sie niemanden aus

Eines müssen wir aber dick unterstreichen: Auch diejenigen, auf die es bei Ihrer Rede nicht so sehr ankommt, haben Ihren Respekt verdient. Sie sitzen ja nicht ohne Grund in Ihrem Publikum. Wenn Sie so tun, als wären sie gar nicht da, ist das eine schwere Kränkung. Sie dürfen dem Publikum allerhand zumuten, aber es niemals missachten, auch nicht Teile davon. Darüber hinaus sorgt es für schlechte Stimmung und schwächt Ihre Überzeugungskraft auch bei denen, die Sie erreichen wollen.

Also, vom Grundsatz her wenden Sie sich erst mal an alle. Sie grenzen niemanden aus, sprechen nicht über die Köpfe mancher Zuhörer hinweg. Und auch beim Blickkontakt geben Sie jedem eine Chance. Es ist ein bisschen so wie bei einer großen Feier: Auch wenn Ihnen manche Gäste mehr am Herzen liegen als andere und Sie sich um den einen stärker kümmern als um den anderen, so heißen Sie doch alle herzlich willkommen.

Stimmungsmacher, Meinungsführer, Unterstützer

Alle Zuhörer sind wichtig, doch manche Zuhörer sind wichtiger für Sie. An erster Stelle sind das die mit dem höchsten Status. Außerdem gibt es noch Meinungsführer, Experten auf dem Gebiet, über das Sie sprechen, oder hochgeschätzte graue Eminenzen. Auch denen sollten Sie genügend Aufmerksamkeit schenken, sonst fühlen die sich nicht ausreichend gewürdigt und nehmen Ihre Rede entsprechend kühl auf.

Doch wie schenken Sie manchen Zuhörern mehr Aufmerksamkeit als anderen? Indem Sie zu denen stärker Blickkontakt suchen. Auch nicht zu stark, das wirkt anbiedernd, aber immer mal wieder. Etwas heikler ist es schon, die betreffende Person in Ihrer Rede zu erwähnen, etwa weil sie etwas Interessantes zu dem Thema gesagt hat. Das kann ein Volltreffer sein, aber auch für Unmut sorgen – z. B. wenn im Publikum eine ebenso wichtige Person sitzt, die gleichfalls etwas Interessantes geäußert hat und sich nun übergangen fühlt.

Neben den Meinungsführern, denen sich die meisten anderen einfach anschließen, gibt es noch die Stimmungsmacher, die Ihre Rede kommentieren und für gute oder schlechte Stimmung sorgen. Auch hier hilft Blickkontakt, um die Miesmacher zu besänftigen und die Gutgelaunten zu Fans zu machen.

Drittens gibt es noch die Unterstützer und Sympathisanten. Die sind sehr wichtig. Nicht nur damit Ihre Argumente Zustimmung finden: Diese Zuhörer stärken auch Ihre Überzeugungskraft. Häufig ist es nämlich gar nicht so einfach, Selbstsicherheit auszustrahlen, wenn man die ganze Zeit in

versteinerte oder missmutige Gesichter blickt. Halten Sie sich
an diejenigen, die Ihnen freundliche Blicke schenken, und
blicken Sie zurück. So etwas vertreibt die Unsicherheit und
macht Sie überzeugender.

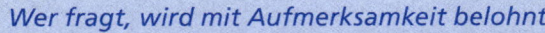

Wer fragt, wird mit Aufmerksamkeit belohnt

Vom Rhetoriktrainer Michael Rossié stammt die Emp-
fehlung, diejenigen, die eine Zwischenfrage gestellt
haben, mit einer Extraportion Blickkontakt zu beloh-
nen. Denn die sind an Ihrem Thema interessiert und
empfinden es als Wertschätzung, wenn Sie ihnen (ein
wenig) mehr Aufmerksamkeit schenken als der schwei-
genden Mehrheit.

Gegner, Kritiker und Querulanten

Halten Sie eine argumentierende Rede, dann gibt es immer
auch Leute, die die Gegenposition vertreten. Die Frage ist
nur, ob sich diese Personen auch unter Ihren Zuhörern befinden. Wenn das so ist, dann stärken Sie Ihre eigene Position,
indem Sie Ihre Kontrahenten mit besonderem Respekt be-
handeln. Was natürlich nicht heißt, dass Sie ihnen zustimmen. Aber ein anerkennendes Wort für die Gegenseite lässt
Sie selbstsicher und souverän erscheinen.

Ähnliches gilt auch für Kritiker. Das sind Zuhörer, die sich zu
Wort melden und mehr oder weniger stichhaltige Einwände
anbringen. Bleiben Sie sachlich und höflich, auch wenn die
Kritik an den Haaren herbeigezogen ist. Zwar werden Sie
den Kritiker selten überzeugen, aber alle anderen hören ja

auch zu. Und die könnten ins Grübeln kommen, wenn Sie Kritik einfach abkanzeln.

Bleiben noch die echten Querulanten, denen es gar nicht um eine inhaltliche Auseinandersetzung geht, sondern um … Das ist manchmal schwer zu sagen. Im Unterschied zu den Kritikern neigen die Querulanten zu weitschweifigen Ausführungen und Scheinfragen. Ganz klar, Querulanten sollten Sie stoppen und sich nicht von ihnen das Heft aus der Hand nehmen lassen. Doch anstatt ihnen rüde das Wort abzuschneiden, ist es meist eleganter, das Publikum zu befragen, wie es weitergehen soll („Möchten Sie über die Weltverschwörung weiterdiskutieren oder sollen wir zu unserem Thema zurückkehren?"). Das ist eine vielfach bewährte Methode. Mir ist kein einziger Fall bekannt, in dem sich das Publikum für den Querulanten entschieden hätte.

Die Zwei-Punkte-Argumentation

Eine eingängige, äußerst vielseitige Überzeugungsrede ist die Zwei-Punkte-Argumentation. Sie können sie zu den unterschiedlichsten Gelegenheiten einsetzen: im Meeting, wenn Sie mal eben Stellung nehmen sollen, bei Diskussionen, bei denen Sie in Ihrem Redebeitrag auf den Punkt kommen, oder auch als eigenständige Rede, wenn Sie das Publikum für Ihre Sichtweise gewinnen wollen.

Ihre Grundstruktur ist simpel, kann aber bei Bedarf stark erweitert werden. Und genau das macht sie für Reden aus dem Stand so geeignet. Sie brauchen nicht viel mehr als eine Behauptung, von der Sie Ihre Zuhörer überzeugen wollen, und zwei gute Argumente, die sie stützen. Diese drei Dinge müssen Sie nur ansprechend „verpacken", mit einer passenden Einleitung und einem folgerichtigen Schluss. Das ist schon alles und lässt sich mit ein wenig Übung immer wieder aus dem Ärmel schütteln.

Die große Stärke der Zwei-Punkte-Argumentation liegt in ihrer Stichhaltigkeit. Da sie vor allem dort zum Einsatz kommt, wo andere einfach nur so drauflosreden, bekommen Ihre Argumente mit einem Mal erheblich mehr Durchschlagskraft. Vielleicht noch nicht am Anfang, aber wenn Sie mit dieser Form erst vertraut geworden sind, dann ganz sicher.

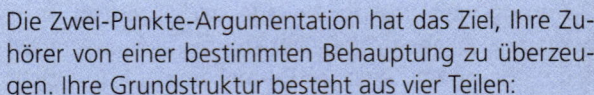

Die Zwei-Punkte-Argumentation hat das Ziel, Ihre Zuhörer von einer bestimmten Behauptung zu überzeugen. Ihre Grundstruktur besteht aus vier Teilen:

- Einleitung: Sie führen in das Thema ein und stellen Ihre Behauptung vor.

- Erstes Argument: Sie teilen Ihren Zuhörern mit, was für Ihre Behauptung spricht.

- Zweites Argument: Sie nennen einen zweiten Grund, der für Ihre Behauptung spricht.

- Schluss: Sie wiederholen noch einmal Ihre Behauptung und schließen die Rede ab.

Wie führen Sie Ihr Thema ein?

Nehmen wir an, Sie wollen Ihre Zuhörer davon überzeugen, dass die Einführung von Schuluniformen wichtig wäre. Dann sollten Sie Ihre Rede nicht unbedingt mit diesem Satz eröffnen. Es ist sinnvoller, das Publikum zunächst an Ihr Thema heranzuführen. Dabei verfolgen Sie zwei Ziele:

- Die Zuhörer sollen Ihre Behauptung besser einordnen können. Sie bringen alle auf den gleichen Wissensstand.

- Die Zuhörer sollen merken, dass das Thema für sie relevant ist.

Machen Sie Ihr Thema relevant

Manche Überzeugungsreden gehen an den Zuhörern völlig vorbei, weil das Thema für sie keine Bedeutung hat. Die Frage, ob man Schuluniformen einführen sollte, mag heiß diskutiert werden. Bei Zuhörern, die keine schulpflichtigen Kinder haben, dürfte das Thema auf gebremstes Interesse stoßen. Die unvermeidliche Folge: Sie werden sich bei Ihrer Rede langweilen. Da können Sie sich ins Zeug legen, wie Sie wollen.

Bei einer Überzeugungsrede ist dieser Effekt noch stärker als bei einer informativen Rede. Da gibt es begnadete Redner, die über abseitige Themen sprechen, und wir hören ihnen gebannt zu. Denn sie schaffen es, spannend und interessant zu erzählen. Für eine Überzeugungsrede reicht das aber nicht aus. Da muss die Sache nicht nur interessant sein, sondern *relevant*, also bedeutsam für die Zuhörer.

Ist das Thema für sie unwichtig, so müssen Sie es relevant machen. Zeigen Sie gleich am Anfang, dass Ihr Publikum von dem Thema betroffen ist oder dass es die Auswirkungen spüren wird. So wäre ein möglicher Aufhänger für das Thema „Schuluniform": Uns kann es nicht egal sein, wie die Kinder in unserer Gesellschaft aufwachsen.

Erzählen Sie eine Geschichte

Sie können Ihr Thema auch mit einer kurzen Geschichte einführen. Da gab es diesen kleinen Jungen, der von seinen Mitschülern gehänselt wurde, weil er keine Markenklamotten trug. Mit ihm kann eine Rede über Schuluniformen beginnen.

Noch besser sind Geschichten, die Sie selbst erlebt haben. Aber Ihre Geschichten sollten kurz und knackig sein. Und einen klaren Bezug zum Thema haben. Eröffnen Sie Ihre Rede über die Schuluniformen mit einem Erlebnis aus Ihrer Schulzeit (ohne Uniform), führt das in die Irre. Berichten Sie aber von Ihrer ersten Begegnung mit Schülern in Uniform beim Schüleraustausch, sind Sie mitten im Thema. Ganz egal, ob Sie die Uniformen damals albern fanden oder neidisch waren und wie Sie heute dazu stehen.

Ihre Zuhörer sind bereits „im Thema"

Manchmal ist alles ganz einfach. Vielleicht befinden Sie sich ja in einer Besprechung, in der gerade über Ihr Thema gesprochen wird. Dann müssen Sie darüber selbstverständlich keine weiteren Worte verlieren. Was Sie in diesem Fall aber tun sollten, wenn es sich anbietet: Fassen Sie die Diskussion kurz zusammen („Wir haben von Frau Goldbach gehört, dass unser Abrechnungssystem viel zu kompliziert ist. Herr Diepholz hat hingegen darauf hingewiesen, dass …").

Der Vorteil: Durch die Art und Weise, wie Sie die Diskussion zusammenfassen, können Sie den Boden für Ihre eigene These bereiten. Die erscheint vielleicht als vernünftiger Kompromiss zu den bisher geäußerten Ansichten – oder aber als einzig richtige Auffassung („Bisher haben wir nur über das

Abrechnungssystem geredet. Dabei ist völlig in Vergessenheit geraten …").

Es versteht sich von selbst, dass Sie die bisherigen Äußerungen nicht verdrehen dürfen. Aber ein wenig zuspitzen und Details weglassen, das dürfen Sie schon. Sie fassen das Gesagte ja zusammen. Gerade zu Beginn Ihres eigenen Redebeitrags macht das einen sehr kompetenten Eindruck.

So formulieren Sie Ihre Behauptung

Sie wollen Ihre Zuhörer von etwas überzeugen. Und genau das sagen Sie ihnen auch klipp und klar. Sonst wissen sie womöglich gar nicht, wovon genau sie überzeugt werden sollen. Dass sie mehr Obst essen sollen? Dass Obst gesund ist? Dass Süßigkeiten die Zähne kaputtmachen und man stattdessen lieber süßes Obst essen sollte? Nicht wenige Überzeugungsreden eiern zwischen verschiedenen Aussagen herum. Genau das nimmt ihnen die Wirkung.

Legen Sie sich auf eine klare Aussage fest, eine Überzeugung, die Sie Ihren Zuhörern nahebringen wollen. Dabei können Sie sehr allgemeine oder sehr spezielle Aussagen treffen. Mögliche Kandidaten wären zum Beispiel:

• Carsharing ist eine gute Sache.

• Wir sollten unser Auto abschaffen und einen Carsharing-Vertrag abschließen.

• Zeitmanagement lohnt sich nicht.

• Unser Textverarbeitungssystem weist schwere Mängel auf.

• Wir sollten unser Textverarbeitungssystem durch das Konkurrenzprodukt ersetzen.

Ist Ihre Aussage sehr allgemein („Zeitmanagement lohnt sich nicht."), bleibt sie diffus und ist leicht angreifbar. Es lassen sich schnell Gegenbeispiele finden. Ist die Aussage sehr speziell („Wir sollten unser Textverarbeitungssystem ersetzen."), bleibt die Reichweite begrenzt. Für jeden, der nicht unmittelbar betroffen ist, wird die Rede uninteressant.

Spitzen Sie zu

Eine relevante Behauptung muss Ihre Zuhörer „kitzeln". Allzu brave und vorsichtige Aussagen tun das nicht. Ebenso wenig wie Gemeinplätze oder Ansichten, denen Ihre Zuhörer bereits zustimmen: Vor Vegetariern brauchen Sie nicht zu argumentieren, dass Fleisch ungesund sei. Das wäre keine Überzeugungs-, sondern eine Bestätigungsrede. Daher: Trauen Sie sich was! Spitzen Sie ruhig ein wenig zu, damit das Publikum Ihnen aufmerksam zuhört.

Übung

Thema Frühstück: Tee oder Kaffee? Müsli statt Toastbrot? Stellen Sie irgendeine Behauptung über die erste Mahlzeit des Tages auf. Ihr Publikum sind Hoteliers, die sich brennend für die Wünsche ihrer Gäste interessieren.

Was sind Argumente?

Jetzt kommt das Herzstück Ihrer Rede: die Argumente, die Ihre Behauptung stützen und die Zuhörer überzeugen sollen. Das gelingt nur, wenn Sie sich ganz auf deren Sichtweise einstellen. Das beste Argument bringt Ihnen gar nichts, wenn es bei Ihrem Publikum nicht ankommt. Damit es sticht, muss es zwei Anforderungen erfüllen. Es muss für Ihre Zuhörer

- wichtig und

- schlüssig sein.

Ein Argument kann gut begründet und nachvollziehbar, also schlüssig sein, es bleibt aber ein schwaches Argument, wenn es für Ihre Zuhörer keine Rolle spielt. Noch ungünstiger allerdings ist es, wenn es ihnen zwar wichtig, aber für sie nicht schlüssig ist. Dann ist das Argument nicht schwach, sondern gescheitert.

Was zählt überhaupt als Argument? Alles, was Sie vorbringen, damit Ihr Publikum der Behauptung zustimmt. Alles, wodurch es sich überzeugen lässt. Argumente *stützen* Ihre Behauptung. Dabei besteht ein Argument aus zwei Teilen: der Aussage und der Begründung.

> *Für die Behauptung „Carsharing ist eine gute Sache" könnten Sie die folgenden Aussagen vortragen:*
> - *Durch Carsharing wird der Verkehr entlastet.*
> - *Durch Carsharing lassen sich erhebliche Kosten sparen.*
> - *Carsharing ist bequem.*
> - *Beim Carsharing bleiben die Teilnehmer ausreichend mobil.*
> - *Carsharing liegt im Trend.*

Argumente müssen weiter begründet werden

Unser Beispiel zeigt drei Dinge: So unmittelbar überzeugen die Aussagen noch nicht. Sie müssen näher ausgeführt, also weiter begründet werden. Zweitens kann jede dieser Aussagen auch als Behauptung für eine neue Überzeugungsrede dienen. Drittens haben die Aussagen für Sie vermutlich unterschiedliches Gewicht. Dass Carsharing im Trend liegt, ist Ihnen womöglich völlig egal. „Das ist kein Argument", würden Sie dem Redner entgegenhalten.

Doch so einfach ist es nicht. Es ist vielleicht *für Sie* kein Argument, weil Sie Carsharing nicht danach beurteilen, ob es im Trend liegt oder nicht. Aber nehmen wir an, Sie halten Ihre Überzeugungsrede vor einer Gruppe trendbewusster junger Städter. Die lassen sich schon davon beeinflussen. Vor allem wenn Sie diese Aussage gut begründen können. Also nehmen Sie dieses Argument.

Argumente auswählen

Wo kommen eigentlich die Argumente her? Bei einer Überzeugungsrede aus dem Stand lautet die Antwort: Ausschließlich aus Ihrem Kopf. Da stecken weit mehr Argumente drin, als Sie vielleicht annehmen. Sie kennen sich in dem Thema ja aus und haben ein Anliegen. Wenn Sie gründlich nachdenken, kommen Ihnen reihenweise, ja viel zu viele Argumente in den Sinn. Die Kunst besteht darin, die *richtigen* Argumente auszuwählen.

Richtig sind die, die für unsere Zuhörer wichtig sind – und die sich schlüssig begründen lassen. Haben Sie Zweifel an einem Argument? Finger weg! Sie denken ausschließlich aus der Perspektive Ihres Publikums und wählen die beiden stärksten Argumente.

Weniger ist mehr

Unerfahrene Redner greifen zu jedem Argument, das ihnen in den Sinn kommt. Und sie meinen, je mehr sie auf den Tisch legen, desto stärker wird ihre Argumentation. Tatsächlich ist aber das Gegenteil der Fall. Die Argumentation ist nur so stark wie ihr schwächster Teil. Beschränken Sie sich daher auf zwei gute Gründe. Das gilt erst recht bei Reden aus dem Stand.

Beide Argumente sollten sich deutlich unterscheiden. Je weiter sie thematisch auseinanderliegen, desto mehr Dynamik kann Ihre Argumentation entfalten.

Das stärkere kommt als zweites

Beide Argumente sind wichtig und schlüssig. Aber häufig haben wir es mit einem Hauptargument zu tun und einem, das etwas weniger Bedeutung hat. Viele beginnen mit dem Hauptargument, weil es oft dasjenige ist, das ihnen als Erstes in den Sinn gekommen ist. Doch bekommen wir mehr Überzeugungskraft, wenn wir die Reihenfolge umdrehen und das stärkere Argument dem etwas schwächeren folgen lassen.

Unsere Zuhörer setzen sich dann nämlich erst mit dem schwächeren auseinander. Sie bekommen den Eindruck: Das klingt ja ganz plausibel, aber überzeugt bin ich noch nicht. Darauf folgt das Hauptargument, das noch stärker wirkt, weil es das erste überbietet. Präsentieren wir hingegen erst das starke und danach das schwächere, so ergibt sich eine absteigende Linie und das schwächere Argument ist präsenter, wenn sich die Zuhörer ihre Meinung bilden.

Evidenz – wie Sie Argumente begründen

Damit Ihr Argument schlüssig wird, müssen Sie Ihre Aussage belegen. Das stärkste Mittel ist der Beweis. Denken wir an den Anwalt: Wenn der seine Argumentation ganz auf Beweise stützt, ist sie nicht angreifbar. Der Punkt ist nur: Bei einer Rede können Sie sich fast nie auf Beweise stützen. Und selbst wenn Sie es könnten, ist es oft viel zu aufwendig, diesen Beweis zu führen. Daher genügt für eine Rede die Evidenz: Wir machen unsere Aussage so plausibel, dass es für unsere Zuhörer offensichtlich wird. Sie haben keinen Grund mehr, daran zu zweifeln.

Nun gibt es unter den Zuhörern sehr verschiedene Auffassungen darüber, was sie als Evidenz gelten lassen. Im Grunde geht es aber immer um ein und dasselbe: Sie müssen eine Verbindung schaffen zu den Dingen, von denen Ihre Zuhörer bereits überzeugt sind oder die sie zumindest für glaubwürdig halten. Evidenz können Sie herstellen durch:

- eigene Erfahrungen (z. B. Sie nutzen selbst Carsharing und können daher über Bequemlichkeit, Mobilität und Kosten berichten)

- anerkannte Autoritäten (z. B. Experten, Institutionen, vertrauenswürdige Persönlichkeiten)

- verlässliche Publikationen, wissenschaftliche Quellen (z. B. seriöse Zeitungen, Bücher)

- Kronzeugen der Gegenseite (z. B. Umweltschützer zitieren Industrievertreter – oder umgekehrt)

- logische Schlussfolgerungen (z. B. weniger Autos brauchen weniger Parkplätze; die verbliebenen Autos finden schneller einen)

- Indizien (z. B. viele Anbieter steigen in das Carsharing ein, was belegt, dass es im Trend liegt)

- Veranschaulichung (z. B. wir stellen uns Carsharing konkret vor: fünf Haushalte teilen sich ein Auto, also ein Auto statt fünf, das entlastet den Verkehr)

- Vergleich/Metapher (z. B. Carsharing ist wie Leitungswasser, man zahlt nur, was man verbraucht)

- Beispiel (z. B. ein bekannter Filmschauspieler nutzt Carsharing, also liegt es im Trend)

- Anekdote, Geschichte (z. B. Ihr Bruder war erst skeptisch, heute fährt er mit dem Carsharing-Auto sogar in den Urlaub; das zeigt, man bleibt mobil)

Nicht immer gewinnen Logik und Vernunft

Einige der genannten Methoden, für Evidenz zu sorgen, gelten als etwas unlogisch. So belegt ein Vergleich überhaupt nichts. Ebenso wenig wie eine Anekdote. Und doch sind es oft gerade diese Mittel, von denen sich unsere Zuhörer beeinflussen lassen. Ein gut gewählter Vergleich lässt sich schwerer entkräften als eine logische Schlussfolgerung. Und eine gut erzählte Geschichte hat ohnehin ihre ganz eigene Überzeugungskraft. Sie wiegt mehr als jede Statistik.

> **!** *Doppelt hält besser*
>
> Sie können jedes Argument mehrfach untermauern. Wichtig ist aber vor allem, dass Sie bei den Methoden abwechseln, also nicht nur Geschichten erzählen oder mit Vergleichen arbeiten. Die Mischung macht's und wirkt überzeugend.

Gegenargumente entkräften

Eine besondere Form des Arguments besteht darin, ein Gegenargument aufzugreifen und zu entkräften. Das ist vor allem dann sinnvoll, wenn es starke Vorbehalte gibt oder typische Einwände wie die hohen Kosten, der große Aufwand oder die fehlende Erfahrung. Dann können Ihre Argumente stark und stimmig sein, Ihre Zuhörer werden sich trotzdem nicht überzeugen lassen. Ihr Vorschlag ist zu teuer, macht zu viel Mühe und kann überhaupt schiefgehen. Also, lassen wir lieber die Finger davon.

Können Sie hingegen diese Einwände widerlegen, stärkt das Ihre Position beträchtlich. Dabei beschränken Sie sich auf das wichtigste Argument, den Hauptkritikpunkt. Immerhin opfern Sie eines Ihrer beiden Argumente für diesen Zweck. Und Ihre Rede darf auch nicht zu defensiv wirken, wenn sie Ihre Zuhörer noch überzeugen soll. Das Pro-Argument sollte daher mehr Gewicht bekommen.

Dabei liegt es in der Natur der Sache, dass Sie das Gegenargument (und seine Widerlegung) erst an zweiter Stelle präsentieren können. Sonst entsteht der befremdliche Eindruck, Sie wären für eine Sache, weil die Gegenargumente so schwach sind. Daher ist es keine Frage, Sie müssen immer mit einem Pro-Argument beginnen. Damit stimmen Sie Ihre Zuhörer auf Ihr Anliegen ein. Erst wenn ein guter Grund dafür auf dem Tisch liegt, sollten Sie darangehen, den Haupteinwand dagegen zu zerpflücken. Das bleibt in Erinnerung und Sie wirken doppelt überzeugend.

Haben Sie jedoch Zweifel, ob Ihnen das Zerpflücken wirklich gelingt, dann gehen Sie einen anderen Weg: Sie verzichten darauf, den Einwand zu widerlegen. Vielmehr präsentieren Sie ihn vor Ihrem zweiten, dem stärkeren Pro-Argument. Sie geben also den Einwand als Ihren eigenen aus und überbieten ihn durch Ihr stärkstes Argument. So könnten Sie darauf hinweisen: „Nun ist Frau Meinert auf diesem Gebiet keine Expertin." Das ist Ihren Zuhörern ohnehin bewusst. Und so fahren Sie fort: „Doch erfordert diese Aufgabe gerade jemanden, der offen ist für Neues, der sich mit den Experten kompetent auseinandersetzt und seine Leute gut einbindet. All das kann Frau Meinert besser als jeder andere, der für diese Position in Frage kommt." Das ist die Behauptung, als nächstes folgt die Begründung.

> Selbstverständlich sollten Sie nur solche Gegenargumente zur Sprache bringen, die Sie bei Ihren Zuhörern vermuten. Wenn Sie Einwände entkräften, die niemand erhebt, schwächen Sie Ihre Position.

So präsentierten Sie Ihre Argumente

Wie wir gesehen haben, bestehen Argumente aus zwei Teilen: aus der Aussage und ihrer Begründung, der Evidenz. Um

Ihren Zuhörern das Verständnis zu erleichtern, sollten Sie die beiden Teile stimmlich voneinander absetzen. Dabei legen Sie besonderes Gewicht auf die Aussage. Sie verlangsamen Ihr Sprechtempo und geben mehr Stimme. Zusätzlich können Sie vor und nach der Aussage eine kleine Pause machen. Dadurch prägt sich der Satz bei den Zuhörern besser ein. Und genau das möchten Sie erreichen. Wer mitschreibt, soll sich diese Aussage notieren.

Bei der Begründung ändert sich Ihr Tonfall. Sie sprechen fließender, entspannter, erzählender. Zwar bleiben Ihre Worte verständlich, aber Sie geben ihnen weniger Nachdruck. Durch diese Abwechslung wirkt Ihre Rede viel lebendiger, klarer und eingängiger.

So beenden Sie die Zwei-Punkte-Argumentation

Zum Abschluss fassen Sie das Gesagte noch einmal kurz zusammen. Sie können die Argumente in Erinnerung rufen, damit beide wieder präsent sind. Auf jeden Fall aber kommen Sie auf Ihre Behauptung zurück. Die können Sie einleiten mit „Und deshalb meine ich …". Worauf es ankommt: Sie präsentieren Ihre Behauptung am Ende als Schlussfolgerung. Das wirkt überzeugend und rundet Ihre Argumentation ab.

Übung

An welchen Urlaubsort fahren Sie besonders gern? Überzeugen Sie interessierte Zuhörer mit einer Zwei-Punkte-Argumentation, dass es sich lohnt, dort hinzureisen. Bevor Sie damit beginnen, legen Sie sich Ihre Behauptung und die beiden Argumente zurecht.

Die klassische Überzeugungsrede

Wenn Sie die Zwei-Punkte-Argumentation beherrschen, kommen Sie schon ziemlich weit. Doch wenn es darum geht, Missstände aufzugreifen und eine bestimmte Lösung zu empfehlen, sollten Sie die klassische Überzeugungsrede bevorzugen. Zu Recht erfreut sich diese Form großer Beliebtheit. Sie begegnet uns fast überall: In der Politik, im Beruf, bei gemeinnützigen Organisationen – wo immer jemand mit einem Anliegen auftritt, wählt er gerne diesen Zugang über das Unerfreuliche, Bedrückende, Ärgerliche. Denn dadurch bekommt seine Rede besondere Dringlichkeit und Relevanz. Daher weist die klassische Überzeugungsrede oft über sich hinaus: Die Zuhörer sollen nicht nur zustimmen, sondern auch etwas tun.

Die klassische Überzeugungsrede hat das Ziel, einen bestimmten Missstand abzustellen. Sie will die Zuhörer für eine bestimmte Lösung gewinnen. Ihre Grundstruktur besteht aus fünf Teilen:

- dem Übel,

- den Ursachen,

- der Abhilfe/Lösung,

- den Konsequenzen und

- dem Abschluss (mit Aufforderung zum Handeln).

Was ist das Übel?

In einer klassischen Überzeugungsrede führen Sie auf besondere Art in das Thema ein: Sie teilen Ihren Zuhörern mit, was
nicht in Ordnung ist. Sie beschreiben Missstände, legen den
Finger in die Wunde. Dies können Sie auf verschiedene Art
tun – etwa durch nüchterne Beschreibung, die Aneinander-
reihung von Fakten, die Gegenüberstellung von Anspruch
und Wirklichkeit oder auch durch eine Geschichte. Letztere
können Sie allerdings nicht einfach so für sich sprechen lassen. Entweder teilen Sie danach mit, was konkret im Argen
liegt, oder Sie erklären Ihre Geschichte zum typischen Fall
(„So wie Frau Hellmann geht es vielen, die bei unserem
Kundendienst anrufen.").

Ihren Zuhörern müssen Sie vermitteln, dass es sich um ein
schwerwiegendes Problem handelt und dass es sie betrifft
– weil sie dafür verantwortlich sind oder weil sich daraus
Nachteile für sie ergeben. „Dagegen müssen wir etwas tun."
– diese Botschaft sollten Sie bei Ihren Zuhörern verankern.
Ebenso wichtig: Ihr Publikum sollte Ihrer Beschreibung im
Wesentlichen zustimmen.

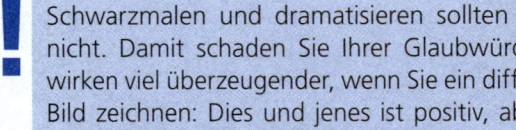

Schwarzmalen und dramatisieren sollten Sie besser
nicht. Damit schaden Sie Ihrer Glaubwürdigkeit. Sie
wirken viel überzeugender, wenn Sie ein differenziertes
Bild zeichnen: Dies und jenes ist positiv, aber da und
dort liegen die Dinge im Argen.

Was sind die Ursachen?

Haben Sie das Problem beschrieben, machen Sie sich an die Analyse der Ursachen. Woran liegt es denn, dass es so gekommen ist? Was verhindert, dass wir das Problem einfach beheben? Oft gibt es eine Vielzahl von Ursachen. Sie beschränken sich auf diejenigen, auf die sich Ihre Lösung richtet. Und wenn das nur eine einzige ist, so schwächt das keineswegs Ihre Überzeugungskraft. Es kommt nur darauf an, dass diese Ursache nennenswert zu dem Problem beiträgt.

> *Umgang mit einer Grippeepidemie*
>
> *Für die Ausbreitung einer Grippeepidemie gibt es eine Vielzahl von Ursachen. Eine davon ist, dass sich die Leute nicht oder nicht richtig die Hände waschen. Wie bringt man sie dazu? Durch Aufklärung. Sie schlagen eine durchdachte Kampagne vor, die diese Ursache zumindest minimieren wird.*

Es ist durchaus möglich, dass Ihre Zuhörer Zweifel haben, ob die genannte Ursache wirklich für das Problem (mit)verantwortlich ist. Dann müssen Sie Ihre Behauptung plausibel machen. Und das machen Sie mit Argumenten. Wenn sich die Ursache nicht gerade von selbst versteht, schadet es ohnehin nicht, sie näher zu begründen.

Was ist die Lösung?

Das Herzstück Ihrer Rede: Sie präsentieren Ihren Vorschlag, das Problem zu lösen oder zumindest abzumildern. An dieser Stelle entscheidet sich meist, ob die Zuhörer Ihnen folgen oder nicht. Ist der Vorschlag inakzeptabel? Stößt er sie vor den Kopf? Oder erkennen die Zuhörer keine Verbindung zum Problem? All das müssen Sie verhindern, sonst werden Sie mit Ihrer Rede gar nichts ausrichten.

Sie sollten die Abneigungen und Empfindlichkeiten berücksichtigen, aber auch die Sympathien und Vorlieben. Stellen Sie sich auf die Seite Ihres Publikums und belehren Sie es nicht, was zu tun wäre. So etwas kommt immer sehr schlecht an.

Vorbehalte selbst vorwegnehmen

Bleiben wir beim Beispiel von Grippeepidemie und Händewaschen: Wenn Sie wissen, dass Ihre Zuhörer große Vorbehalte gegen bürokratische Maßnahmen von oben haben, dann werden Sie diese Vorbehalte selbst formulieren: „Bürokratische Maßnahmen von oben kosten nur Geld und richten wenig aus." Und dann erklären Sie Ihren Zuhörern, warum Ihre Kampagne anders ist. Sie haben das Publikum auf Ihrer Seite.

An dieser Stelle Ihrer Rede beschreiben Sie Ihren Vorschlag nur. Sie stellen ihn erst einmal vor und erklären alles, was nötig ist, um ihn zu verstehen. Die segensreiche Wirkung sparen Sie sich für den nächsten Punkt auf.

Was sind die Konsequenzen?

Erst jetzt kümmern Sie sich um die Folgen: Was würde passieren, wenn man Ihren Vorschlag in die Tat umsetzt? Beschreiben Sie, wie sich die Missstände zum Besseren wenden, wer profitiert und warum. Auch positive Folgeeffekte lassen sich zumindest mal andeuten.

Positive Effekte nennen

Noch einmal zur Grippeepidemie und der Kampagne: Sie könnten ausführen, wie viele Erkrankungen sich vermeiden ließen. Sie stellen die Kosten der Kampagne den mutmaßlichen Einsparungen (durch weniger Krankheitsfälle) gegenüber. Und schließlich weisen Sie auf den erfreulichen Umstand hin, dass mehr Bürger auf ihre Gesundheit und Hygiene achten.

Allzu rosarot sollte Ihr Bild allerdings auch nicht ausfallen, zumindest wenn Sie vor einem deutschen Publikum sprechen. Da wirken Sie wesentlich überzeugender, wenn Sie immer ein wenig Wasser in den vortrefflichen Wein gießen. Lassen Sie also erkennen, dass Sie sich über die Einschränkungen, Unwägbarkeiten und unvermeidlichen Nachteile im Klaren sind. Doch sogar in Deutschland müssen Sie am Ende Zuversicht ausstrahlen, um die Leute auf Ihre Seite zu bekommen.

Die Verbindung von Lösung und Konsequenzen muss für Ihre Zuhörer nachvollziehbar und schlüssig sein. Gibt es Folgen, mit denen Ihre Zuhörer rechnen, so müssen Sie darauf eingehen – auch und gerade wenn Sie überzeugt sind, dass diese Folgen gar nicht eintreten. Genau das sollten Sie Ihren Zuhörern dann erklären.

So schließen Sie Ihre Überzeugungsrede ab

Am Ende kommen Sie noch einmal auf Ihre Lösung zurück. Denn die soll sich Ihren Zuhörern einprägen. Daher sprechen Sie sich ausdrücklich noch einmal für Ihren Vorschlag aus. Sie halten eine Art Schlussplädoyer. Die letzten Worte bleiben am besten im Gedächtnis. Deshalb müssen die besonders gut sitzen. Sprechen Sie kurze prägnante Sätze, bringen Sie Ihre Botschaft auf den Punkt. Und verleihen Sie Ihrer Forderung die nötige Dringlichkeit.

Schlussappell

„Wir haben lange genug über das Thema debattiert. Ein vernünftiger Plan liegt nun auf dem Tisch. Setzen wir ihn um." – „Jeder Tag, den wir noch länger warten, an dem nichts geschieht, kostet uns weitere Kunden." – „Alle Vorschläge sind bekannt. Entscheiden wir uns daher für den besten."

Was sollen Ihre Zuhörer tun?

Eine mustergültige Überzeugungsrede endet mit der Aufforderung zum Handeln: „Erstürmen wir den Palast!" – „Stimmen Sie für die Kandidatin X!" – „Tragen Sie sich in die Unterschriftenliste ein." Sagen Sie Ihren Zuhörern, was sie jetzt tun sollen, wie sie Ihnen helfen und Ihre Lösung unterstützen können. Bei dieser Aufforderung zum Handeln nutzen Sie den Schwung, den Sie vorher aufgebaut haben. Tatsächlich bekommt Ihre Rede durch den Schlussappell zusätzlichen Drive. Sie erreicht unmittelbar Ihre Zuhörer.

Dabei sollten Sie auf eines achten: Dieser Appell richtet sich in aller Regel nur auf den „ersten Schritt", und der ist meist sehr klein. Verlangen Sie nicht zu viel. Und erwecken Sie nicht den Eindruck, das Problem sei damit schon gelöst. Beispiele für das, was Zuhörer tun können: Dem Vorschlag zustimmen, den Vorschlag bekannt machen, mit Kollegen, Freunden oder Vorgesetzten darüber sprechen, sich weiter informieren, ein bestimmtes Buch, einen Artikel lesen, Mitglied werden, eine Mitgliedschaft kündigen, sich einer Petition anschließen oder Telefonnummern austauschen.

Übung

Halten Sie eine klassische Überzeugungsrede, in der Sie Ihren Zuhörern nahelegen, ein Rhetoriktraining zu besuchen. Problem, Ursachen und Folgen können Sie frei bestimmen.

Überzeugungsreden vor skeptischem Publikum

Es wird sich gewiss nicht vermeiden lassen, dass Sie es gelegentlich mit einem Publikum zu tun bekommen, das Ihren Vorschlägen skeptisch bis ablehnend gegenübersteht. Gut, wenn Sie das vorher wissen, denn dann können Sie sich darauf einstellen. Bemerken Sie während Ihrer Rede, dass Ihr Publikum starke Vorbehalte hat, sollten Sie unmittelbar darauf reagieren.

Ganz grundsätzlich gesprochen können Sie in solchen Fällen nicht erwarten, dass sich Ihr Publikum *jetzt* überzeugen lässt – durch eine einzige Rede. Das macht Ihre Rede aber keineswegs nutzlos. Ganz im Gegenteil. Langfristig können solche Reden sehr viel bewirken. Und kurzfristig erreichen Sie vielleicht, dass die Zuhörer Ihre Position nicht mehr ganz so scharf ablehnen. Dabei konzentrieren Sie sich auf zwei Dinge:

- Erklären Sie, wie Sie selbst zu dieser Überzeugung gekommen sind. Stellen Sie alle Missionierungsversuche ein (ein bisschen wie beim Statement).

- Gleichzeitig öffnen Sie sich für alle Vorbehalte, Einwände und Gegenargumente. Sie bringen sie selbst zur Sprache oder fordern das Publikum dazu auf, sie zu äußern (das ist beim Statement völlig anders).

!
Auch wenn Sie die Bedenken nicht zerstreuen, die Gegenargumente nicht entkräften können, erwerben Sie sich Respekt. Und wenn Sie auf einen Einwand gar nichts entgegnen können, so notieren Sie sich den und versichern, dass Sie die Antwort nachliefern. Was Sie selbstverständlich auch tun.

Die Ermutigungsrede

Es gibt Reden, bei denen die emotionale Botschaft im Vordergrund steht. Zu ihnen zählen Trauerreden, Trostreden, Wutreden, Dankesreden und Ermutigungsreden. Mit ihnen wollen wir bestimmten Gefühlen Ausdruck geben und/oder sie erwecken.

Die Ermutigungsrede will beides: Zuversicht ausdrücken, aber sie auch bei den Zuhörern hervorrufen. Nun geht es bei diesen emotionalen Reden durchaus gefühlsbetont zu, doch wäre es ein Irrtum anzunehmen, die Inhalte seien zweitrangig. Tatsächlich sind die nicht weniger wichtig als bei einer rationalen Argumentation. Nur handelt es sich hier eben um *andere* Inhalte, die Sie zur Sprache bringen.

Die Ermutigungsrede brauchen Sie, wenn die Stimmung schlecht ist oder zu kippen droht, wenn Sie nach einem Fehlschlag Ihre Kollegen, Freunde oder Mitarbeiter wieder aufbauen wollen. Sind Sie eine Führungskraft, dann werden in schwierigen Situationen ermutigende Worte von Ihnen erwartet.

> Die Ermutigungsrede hat das Ziel, die Zuhörer zuversichtlich zu stimmen. Ihre Botschaft: Sie werden aus einer schwierigen Lage herauskommen, wieder Mut fassen, anstehende Aufgaben meistern. Ihre Grundstruktur besteht aus drei Teilen:
>
> • Sorgen benennen
> • Mut machen
> • in die Zukunft blicken

Teilen Sie die Sorgen Ihrer Zuhörer

Ermutigen kann nur, wer den anderen versteht, wer seine Sorgen und Ängste teilt. Wer sie kleinredet, zeigt nur sein Unverständnis. Daher beginnen Sie damit, das, was Ihre Zuhörer belastet, zu benennen, es schlicht auszusprechen.

Vielleicht wirkt das auf Sie etwas seltsam. Warum sollten Sie das tun? Immerhin wissen die Angesprochenen selbst sehr viel besser als Sie, was ihnen Sorgen bereitet. Doch geht es überhaupt nicht darum zu informieren, sondern um etwas anderes: Sie geben zu erkennen, dass Ihnen die Situation Ihrer Zuhörer nicht entgangen ist. Sie stellen sich ganz auf ihre Seite. Nur dann können Sie Ihr Publikum erreichen und buchstäblich „bewegen".

Gerade wenn die Sorgen sehr schwer auf Ihren Zuhörern lasten, ist es sinnvoll zu zeigen: Ich fühle mit Ihnen; ich bin selbst stark davon berührt. Allerdings sollten Sie da sehr behutsam vorgehen. Denn Sie dürfen Ihre Glaubwürdigkeit nicht aufs Spiel setzen. Die Wirkung wäre geradezu verheerend, wenn Ihre Zuhörer den Eindruck bekommen, Ihre Anteilnahme sei nicht echt. Daher sollten Sie niemals zu dick auftragen, sondern im Zweifel einfach die Ereignisse aus Sicht Ihrer Zuhörer schildern.

Der abgelehnte Vorschlag

Ihre Mitarbeiter haben einen Vorschlag erarbeitet, der von der Führung abgelehnt wird. Diese betrübliche Tatsache müssen Sie ihnen mitteilen und nutzen die Gelegenheit für eine Ermutigungsrede: „Sie haben sehr viel Zeit und Mühe aufgewendet, um diesen Vorschlag zu formulieren. Sie haben ihn zweimal überarbeitet, haben die zuständigen Kollegen gefragt, was die davon halten. Sie haben deren Anregungen aufgegriffen und in Ihr Konzept integriert. Alles schien perfekt. Und dann – wird Ihr Vorschlag abgelehnt. Komplett abgelehnt. Nicht eine Ihrer Anregungen wird aufgegriffen. Das ist bitter. Die Enttäuschung sitzt tief. Sie sagen sich: So viel Arbeit für nichts mache ich mir bestimmt kein zweites Mal." Selbstverständlich ist das nur der erste Teil. Ihre Mitarbeiter fühlen sich von Ihnen verstanden.

Machen Sie den Zuhörern Mut

Im zweiten Teil erfolgt die Wende. Gewöhnlich wird er eingeleitet durch „aber" oder „doch". Nun treten Sie einen Schritt zurück und betrachten mit Distanz die Gesamtsituation. Sie ordnen ein, Sie versuchen zu erklären, vor allem aber nennen Sie alle Gründe, die dafür sprechen, wieder Mut zu fassen: Die Erfahrung war schmerzlich, aber Sie haben gemeinsam daraus gelernt. Sie werden dieses und jenes ändern, sodass dies nicht noch einmal passiert. Ihre Zuhörer haben in der Vergangenheit ganz andere Herausforderungen gemeistert.

Manchmal lässt sich aus einer Niederlage auch neue Kraft schöpfen. Ihre Zuhörer haben sich angestrengt, sie sind gescheitert und jetzt zutiefst enttäuscht. Doch was sie geleistet haben, darf jetzt nicht in Vergessenheit geraten. Das muss anerkannt und gewürdigt werden. Vielleicht war das ja viel mehr, als man erwarten konnte. Trotz widriger Umstände haben Ihre Zuhörer ihr Bestes gegeben. Darauf richten Sie jetzt die Aufmerksamkeit. Wir sind weiter gekommen, als wir es jemals für möglich gehalten haben.

Vielleicht müssen sich Ihre Zuhörer auch neu orientieren. Das wird nicht einfach, das verlangt ihnen dieses und jenes ab. Aber wenn wir alle zusammenstehen und uns unterstützen, werden wir es schaffen. Manchmal müssen Sie die Aussichten noch weiter herunterdimmen: Dieses und jenes wird nicht mehr möglich sein. Von den guten alten Zeiten müssen wir uns verabschieden. Das mag uns nicht gefallen, aber wir haben keine Wahl. Je eher wir uns das eingestehen, desto besser stehen unsere Chancen, die Kurve zu kriegen.

Gibt es in der Vergangenheit irgendwelche Erfolgsgeschichten? Dann ist jetzt eine gute Gelegenheit, die wieder in Erinnerung zu rufen. Kaum etwas wirkt so ermutigend wie die Einsicht: Das und das habe ich geschafft. Denn: Warum sollte es in der Zukunft anders sein?

Machen Sie es sich nicht zu einfach

Das Geheimnis der erfolgreichen Mutmacher: Sie gehen nicht zu schnell zu den Erfolgsgeschichten über. Sie versprechen nicht zu viel. Wer den Mund zu voll nimmt, wird schnell unglaubwürdig. Wenn Sie hingegen zurückhaltend und besonnen urteilen, bekommt Ihr Wort mehr Gewicht. Sie glauben an Ihre Leute. Sie sind sich sicher, dass sie das hinbekommen. Bauen Sie keine Luftschlösser, sondern zeigen Sie eine realistische Perspektive auf. Dadurch bekommen Sie Zuspruch.

Blicken Sie in die Zukunft

Zum Abschluss entwerfen Sie ein Bild von der Zukunft. Dabei können Sie zunächst schildern, was passieren würde, wenn Ihre Zuhörer den Mut sinken ließen oder an den vergangenen Erfolgen kleben blieben. Keine verlockende Aussicht, denn auf vergangenen Erfolgen können wir uns nicht ausruhen. Und dann erzählen Sie, wie die Zukunft aussehen könnte, wenn Ihre Zuhörer dieses und jenes tun, wenn sie die Dinge anpacken und sich richtig reinhängen würden. Sie betonen: Das ist die einzige Chance, wieder hochzukommen. Der Erfolg ist nicht sicher, aber das ist er nie. Wir müssen mit Kompetenz und Engagement die Dinge angehen. Beides haben wir. Also können wir zuversichtlich in die Zukunft blicken. Wir brauchen diese Zuversicht auch, damit die Sache gelingt. Mutlos werden wir keinen Erfolg haben.

Und dann beschreiben Sie, wie diese Zukunft genauer aussieht. Was ist möglich? Wo stehen Ihre Zuhörer in zwei, fünf oder zehn Jahren, wenn die Schwierigkeiten von heute überwunden sind? Wie blicken sie dann auf die Gegenwart, die ihnen jetzt so düster erscheint? Selbstverständlich ist das Bild der Zukunft positiv. Aber es muss immer nachvollziehbar und glaubwürdig sein. Dann werden die Zuhörer Ihnen folgen und sich ermutigen lassen.

Übung

Sie sind Trainer einer Fußballmannschaft. Durch ein unglückliches Tor in der Nachspielzeit geht das Spiel verloren. Bauen Sie Ihr Team wieder auf.

Sie durchlaufen drei Stimmungslagen

Während Ihrer Rede nehmen Sie Ihre Zuhörer mit und durchlaufen bei Ihrer gemeinsamen Tour drei verschiedene Stimmungslagen: Sie beginnen gedämpft, besorgt, ja, vielleicht sogar enttäuscht. Ihre Zuhörer sind es ja auch. Sie stellen die nötige Gemeinsamkeit her. Im zweiten Teil hellt sich die Stimmung auf. Und doch wird sie nicht überschwänglich. Sie besinnen sich: Wo können wir ansetzen, um die Dinge wieder zum Besseren zu wenden? Da sind Sie eher nüchtern und nachdenklich als euphorisch. Erst wenn Sie gemeinsam wieder Boden unter den Füßen haben, erreichen Sie den dritten Teil. Jetzt überschreiten Sie die Grenze zur guten Stimmung. Denn Ihr Thema ist ja die Zukunft. Und die hat in einer Ermutigungsrede stets Erfreuliches zu bieten.

Auf den Punkt gebracht

- Halten Sie eine Überzeugungsrede, machen Sie sich zum Anwalt Ihrer Sache. Sie haben die Angelegenheit gründlich verstanden und wissen, welche Argumente den Zuhörern einleuchten.

- Ein Argument besteht aus einer Aussage und ihrer Begründung, der Evidenz. Die Evidenz macht das Argument für die Zuhörer nachvollziehbar und akzeptabel; sie verbindet das Argument mit der Vorstellungswelt der Zuhörer.

- Bei der klassischen Überzeugungsrede greifen Sie einen Missstand auf, nennen seine Ursachen, stellen Ihre Lösung und die (positiven) Konsequenzen vor. Zum Abschluss können Sie die Zuhörer auffordern, einen konkreten ersten Schritt zu tun, um Ihr Anliegen zu unterstützen.

- In einer Ermutigungsrede sollten Sie als Erstes zu verstehen geben, dass Sie die Sorgen Ihres Publikums verstanden haben und mitfühlen. Erst dann zeigen Sie auf, wie die Zuhörer aus der schwierigen Lage wieder herausfinden. Zum Abschluss werfen Sie einen zuversichtlichen Blick in die Zukunft. Das Problem von heute liegt dann in der Vergangenheit.

Die Basics und der Notfallkoffer

Dieses Kapitel steht ganz bewusst am Ende. Es geht darin um ganz grundlegende Hinweise zu Stimme, Gestik und Orientierungshilfen für Ihre Zuhörer. Außerdem bekommen Sie einen „Notfallkoffer" an die Hand, der Ihnen helfen soll, brenzlige Situationen zu meistern. Warum erst am Ende? Weil Sie gleich loslegen sollten mit den Reden aus dem Stand. Sie sollten ausprobieren und Erfahrungen mit den Reden sammeln, die von Kapitel zu Kapitel anspruchsvoller geworden sind. Was es darüber hinaus zu beachten gibt, erfahren Sie jetzt.

Der Einsatz der Stimme

Ob man Ihnen gerne zuhört, liegt auch an Ihrer Stimme. Nun sind einige von der Natur begünstigt und verfügen über ein volltönendes Organ, das angenehm klingt und über eine große Spannbreite verfügt. Doch auch mit einer dünnen Stimme können Sie Ihr Publikum erreichen, wenn Sie das Beste aus Ihren Möglichkeiten machen.

Sprechen im Schokoladenton

Zwei Dinge sollten Sie vermeiden: angestrengt oder monoton zu klingen. Manche schaffen sogar beides gleichzeitig. Ein gutes Gegenmittel ist das Sprechen im sogenannten Schokoladenton. Das ist die Tonhöhe, in der Ihre Stimme die stärkste Resonanz hat, also am vollsten klingt. Wenn Sie in dieser Tonhöhe sprechen, kostet Sie das die geringste

Mühe, ein bestimmtes Volumen zu erreichen. Es lohnt sich also herauszufinden, wo Ihr Schokoladenton liegt.

Dazu stellen Sie sich hin und legen eine Hand auf Ihren Brustkorb. Dann öffnen den Mund und sprechen ein langes, lautes „Ooh". Spüren Sie die Vibrationen? Nun verändern Sie gleitend die Tonhöhe. Erst nach oben, dann nach unten. An einer Stelle werden Sie spüren, dass der Ton besonders „fett" klingt und Ihr Brustkorb am stärksten mitschwingt. Genau hier liegt Ihr Schokoladenton.

Bringen Sie Abwechslung in Ihre Rede

Der Schokoladenton ist eine gute Basis, doch sollten Sie Ihre Stimme auch immer wieder heben und senken. Gehen Sie mit der Stimme nach oben, so werden Ihre Sätze weicher, offener, fragender. Auch vermittelt sich Ihren Zuhörern der Eindruck: Es geht noch weiter. Geht Ihre Stimme nach unten, schließen Sie einen Gedanken ab. Die Aussage, die Sie getroffen haben, bekommt Festigkeit und Stärke. Das Entscheidende ist, dass Sie abwechseln und nicht allen Sätze die gleiche Sprachmelodie unterlegen. Das macht Ihre Rede nämlich monoton, und es erschwert das Verständnis, wenn sich alle Sätze gleich anhören.

Aber auch das Sprechtempo sollten Sie variieren. Bei Sätzen, die sich einprägen sollen, werden Sie langsamer. Zusätzliches Gewicht bekommt Ihre Aussage, wenn Sie vorher und nachher eine kurze Pause einlegen, wobei die Pause danach etwas länger sein darf. Dann haben Ihre Worte nämlich Zeit nachzuwirken. Kernaussagen lassen sich so sehr wirksam hervorheben.

Die Pausen

Es ist erstaunlich, wie stark sich unsere Reden verbessern, wenn wir einfach darauf achten, immer mal wieder eine Pause zu machen. Pausen strukturieren Ihre Rede. Sie geben Ihren Zuhörern die Möglichkeit, das Gesagte zu verarbeiten, und sie erzeugen Spannung.

Spannende Pausen

Vergleichen Sie mal: Sprechen Sie den folgenden Satz ohne Pause: „Aber mit einer Sache hatte niemand gerechnet: dass alle Hotels ausgebucht sein könnten." Und jetzt machen Sie nach dem Doppelpunkt eine Pause: „Aber mit einer Sache hatte niemand gerechnet …" Oje, womit denn nicht? Ihre Zuhörer stellen Vermutungen an, sie denken mit, vielleicht erraten sie es schon, vielleicht auch nicht. Den nachfolgenden Nebensatz können Sie sogar noch verknappen und mit einer weiteren Minipause versehen: „Alle Hotels … ausgebucht!"

Ein letzter Hinweis, wenn Sie zum „Äh"-Sagen neigen: Viele dieser „Stammelsilben" lassen sich durch eine Pause ersetzen. Denn wir sagen „äh", um unseren Zuhörern zu signalisieren: Es geht noch weiter, bitte nicht unterbrechen. Wenn Sie eine Rede halten, besteht diese Gefahr ja meist nicht. Sie haben das Wort und dürfen nicht einfach so unterbrochen werden.

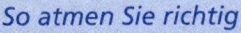

> ### So atmen Sie richtig
>
> Zum Thema Stimme gehört auch das richtige Atmen. Hektisches Atmen macht Sie nervös – und Ihre Zuhörer auch. Versuchen Sie, Ihren Atem einfach fließen zu lassen und in möglichst langen Bögen zu sprechen. Beenden Sie Ihren Satz, bevor Sie wieder ruhig Luft holen. Bauchatmung ist besser als Brustatmung. Beim Luftholen sollten sich weder Ihr Brustkorb noch Ihre Schultern heben.

Die Körpersprache

Bei einer Rede sollten Sie möglichst stehen. Das hebt Sie von Ihren Zuhörern ab, Sie sind sichtbar und haben mehr Möglichkeiten, aber auch mehr Kraft, Ihre Worte zu vermitteln. Große Reden werden fast immer im Stehen gehalten.

Die Frage ist dann allerdings: Wohin mit den Händen? Sehr ungünstig ist, sie einfach hängen zu lassen, sie in die Hosentasche zu stecken, sie hinter dem Rücken zu verschränken oder mit einem Kugelschreiber herumzuspielen. Die mit Abstand beste Möglichkeit: Gestikulieren Sie mit Ihren Händen – und zwar so natürlich wie möglich. Jeder hat seine ganz eigene Art, und antrainierte Gesten wirken unglaubwürdig.

Es gibt nur ein paar Gesten, die Sie vermeiden sollten, weil sie Ihre Zuhörer irritieren und keinen guten Eindruck hinterlassen. Dazu gehören das Ballen der Faust, das Händereiben oder das Sprechen mit erhobenem Zeigefinger. Diese Geste können Sie aber einfach neutralisieren, indem Sie beide Zeigefinger synchron erheben.

> **_Trainieren vor dem Spiegel und mit Videofeedback_**
>
> Es hat nichts mit Eitelkeit zu tun, wenn Sie Ihre Rede vor dem Spiegel üben, in voller Lautstärke und mit allen Gesten, ganz so, als würden Sie vor Publikum sprechen. Der Vorteil: Sie sehen sofort, wie eine Geste wirkt, und korrigieren automatisch. Der Nachteil: Ihre Aufmerksamkeit ist gespalten, Sie achten auf Rede und Eindruck zugleich. Das Problem können Sie beheben, indem Sie Ihre Rede mit einer Videokamera aufzeichnen, wie sie heute an jedem Notebook und Tablet installiert ist. Beide Methoden sollten sich ergänzen.

Orientierungshilfen für Ihr Publikum

Wenn Sie das Wort ergreifen, wissen Ihre Zuhörer nicht, was sie erwartet. Manche Redner lassen das auch bewusst im Dunkeln, denn sie selbst ahnen nur sehr vage, was da kommen wird und worauf sie überhaupt hinauswollen. Selten gelingen solche Reden besonders gut. Zuhörer wollen Orientierung – dann können sie Ihre Rede viel besser verstehen und Ihnen geistig folgen. Setzen Sie also an kritischen Stellen rhetorische Hinweisschilder ein. Aber auch für Sie als Redner ist es hilfreich, wenn Sie nicht im Nebel stehen, sondern Ihnen völlig klar ist, an welcher Stelle Ihrer Rede Sie sich gerade befinden. Das bedeutet zweierlei:

- Sie sollten die Struktur Ihrer Rede bereits im Kopf haben.

- Sie sollten jeden Ihrer Punkte kenntlich machen: vorher ankündigen und abschließen.

Die Vorankündigung

Es gibt zwei Arten von Vorankündigungen: den Überblick und die direkte Ankündigung. Der Überblick empfiehlt sich vor allem zu Anfang Ihrer Rede. Sie teilen mit, auf welche Punkte Sie eingehen werden und in welcher Reihenfolge. Darauf können sich Ihre Zuhörer einstellen. Ihre Rede macht einen durchdachten, gut gegliederten Eindruck.

Wenn dann ein neuer Punkt erreicht ist, kündigen Sie ihn direkt an. Am elegantesten gelingt das, wenn Sie einen Zusammenhang zum eben Gesagten herstellen können. Zum Beispiel: „Aber es gibt ja noch einen zweiten Grund …" Oder: „Völlig anders verlief die Entwicklung in unserem Auslandsgeschäft …" Die Zuhörer wissen: Das bisherige Thema ist zu Ende, das neue fängt an.

Was den Überblick betrifft, so gibt es zwei häufige Einwände. Erster Einwand: „Ich weiß doch noch gar nicht so genau, was ich sagen werde." Antwort: „So genau" sollen Sie es ja auch gar nicht sagen. Ein grober Überblick genügt. Zum Beispiel: „Als Erstes erzähle ich Ihnen, wie es zu dem Projekt gekommen ist, was seine ursprünglichen Ziele waren. Dann sage ich etwas zum aktuellen Stand. Und zum Abschluss werfen wir einen Blick in die Zukunft." Oder bei der Zwei-Punkte-Argumentation: „Ich glaube nicht, dass diese Maßnahmen ausreichen werden. Und zwar aus zwei Gründen …"

Der zweite Einwand: „Vorankündigungen machen die Rede langweilig. Keine Überraschungen mehr. Ich weiß doch schon, was kommt, und schalte ab." In der Tat *können* Vorankündigungen langweilig sein. Ob die betreffende Rede ohne die Ankündigungen allerdings interessanter wäre, ist zweifelhaft. Denn was macht eine Vorankündigung langweilig? Wenn sie zu ausführlich ist. Oder wenn Dinge angekündigt werden, die, nun ja, langweilig sind oder die das Publikum schon weiß. Anders gesagt: Nicht die Vorankündigung ist langweilig, sondern das, was gesagt wird.

Mit Vorankündigungen Spannung aufbauen

Dabei können Vorankündigungen auch dazu dienen, die Rede erst spannend zu machen. „Das Geschäftsjahr ist für unsere Niederlassung in allen Bereichen sehr erfolgreich verlaufen – mit einer Ausnahme. Dazu sage ich später mehr." Die Zuhörer werden wissen wollen, um welche Ausnahme es sich handelt. Anderes Beispiel: Sie kündigen irgendein überraschendes Element an, eines, das Ihre Zuhörer noch gar nicht einordnen können. Zum Beispiel: „Es lief genau so, wie wir es erwartet hatten. Doch dann kam dieser Anruf aus Mexiko – und wir mussten etwas ändern." Mexiko? Anruf? Was steckt dahinter? Und was musste geändert werden?

Übergange und Abschluss

Wenn Sie von einem Thema zum nächsten wechseln, sollten Sie das deutlich machen: durch einen Übergang. Der darf sehr einfach sein, gerade bei einer Rede aus dem Stand. Sie schließen das bisherige Thema ab, zum Beispiel durch eine Zusammenfassung: „Alles in allem also ein erfolgreiches Jahr für den Vertrieb." Dabei senken Sie die Stimme. Dann verändern Sie Ihre Haltung – ein subtiles Signal für Ihr Publikum: Oh, jetzt kommt etwas Neues! Und das sollten Sie durch eine direkte Vorankündigung des neuen Themas noch unterstreichen.

Manchmal können Sie das neue sehr leicht vom alten Thema abgrenzen: „Das war die Vorgeschichte. Sprechen wir nun über die Gegenwart." Oder: „So weit die Hintergrundinformationen. Ich möchte Ihnen nun gerne sagen, warum wir uns für den Vorschlag entscheiden sollten. Zwei Gründe fallen ins Gewicht …"

Noch einmal der Hinweis: Sie können die Übergänge verdeutlichen, indem Sie Ihre Körperhaltung verändern, sich leicht drehen oder einen Schritt machen. Bewusst nehmen das Ihre Zuhörer gar nicht wahr, aber es hilft ihnen beim Verständnis.

Der Notfallkoffer

Manchmal müssen Sie das Wort ergreifen, ohne dass Sie vorbereitet sind: im Meeting, wenn Ihr Vorgesetzter meint, Sie sollten die Anwesenden über Ihr Projekt auf den neuesten Stand bringen, oder wenn eine Mitarbeiterin ihr zehnjähriges Jubiläum hat und Sie ein paar Worte sagen sollen (Ihre Assistentin hatte Sie noch daran erinnert, aber irgendwie müssen Sie das überhört haben). Auch im Privatleben gibt es solche Situationen: Eine gute Freundin hat Geburtstag und die Gäste finden, Sie sollten etwas sagen

– als kluger und redegewandter Mensch, der Sie sind. Oder jemand hält eine launige Rede auf Sie und Sie möchten gerne antworten.

Nicht überrumpeln lassen

Vom Komiker Heinz Erhardt stammt der Rat: „Wird man unerwartet gebeten, eine Rede zu halten, so erschrecke man nicht, sondern fasse sich. Aber kurz." Tatsächlich müssen wir uns erst mal fassen, uns sammeln, ehe wir das Wort ergreifen (und uns kurzfassen). Daher geht es zunächst einmal darum, sich nicht überrumpeln zu lassen, sondern Zeit zu gewinnen.

Wir haben es schon im Kapitel über die informative Rede angesprochen: Sie gewinnen viel, wenn Sie nicht sofort loslegen, sondern noch ein wenig Zeit bekommen: „Geben Sie mir eine Minute?", lautet der magische Satz, der fast immer wirkt. Der erste unserer „Instantsätze", der uns durch unsere Rede hilft.

Instantsatz

Instantsätze sind wie Instantsuppen: vorbereitete Fertigsätze, die Sie einfach übernehmen können. Es handelt sich um bewährte Standardformulierungen. Wie sich Instantsuppen durch Beigabe frischer Zutaten „verfeinern" lassen, so wirken auch Instantsätze schmackhafter, wenn sie verändert werden.

Ordnen Sie Ihre Gedanken

So viel Zeit muss sein: Sie brauchen eine Struktur und einen Anfang. Haben Sie einen Notizzettel, dann passt alles bequem darauf. Sie haben äußerst wenig Zeit und greifen daher zu allem, was passt. Die erste Entscheidung, die Sie treffen, bezieht sich auf die *Struktur*. Sie nehmen den ersten passenden Bauplan und hängen Ihre Ideen daran auf.

Nun haben Sie in diesem Buch einige Strukturen kennengelernt, die sich alle auch für eine spontane Rede eignen. Unser Augenmerk möchten wir aber auf drei Modelle richten, die besonders vielfältig einsetzbar sind und zu denen Ihnen leicht etwas einfällt:

- Gestern – heute – morgen: Erst reden Sie über die Vergangenheit, dann über die Gegenwart, am Ende über die Zukunft.

- Die Highlight-Reihe: Sie greifen nach Belieben zwei, drei Punkte heraus und führen sie zum krönenden Abschluss.

- Zwei-Punkte-Rede: eine Aussage, die Sie mit zwei Punkten belegen.

Haben Sie sich für einen Bauplan entschieden, benötigen Sie nun die Ideen, die Sie auf Ihrem kleinen Zettel notieren können. Dabei handelt es sich um Stichworte, die außer Ihnen niemand verstehen muss.

Die überraschende Jubiläumsrede

Frau Klinger hat heute zehnjähriges Dienstjubiläum. Sie müssen eine Rede aus dem Hut zaubern. Sehr naheliegend ist die Gestern-heute-morgen-Struktur. Gestern: Wie Frau Klinger bei uns anfing (= reizvoller Kontrast – was hat sich seitdem verändert, was nicht?). Oder: Meine erste Begegnung mit Frau Klinger (= persönliche Würdigung). Heute: Was leistet Frau Klinger heute? (Verdienste, beliebt bei Kollegen). Oder: Persönliches Erlebnis mit Frau Klinger aus der Gegenwart.

Morgen: Wo sehe ich Frau Klinger in der Zukunft? Oder: Was sind ihre Pläne? Oder: Hoffnung, dass Frau Klinger noch lange bei uns bleibt.

Ebenso bietet sich eine Highlight-Rede an: Finden Sie zwei bis drei Punkte, mit denen sich Frau Klinger würdigen lässt. Berufliche Erfolge (an denen sie beteiligt war), schöne oder typische Erlebnisse.

Zuletzt als Zwei-Punkte-Rede: Ausgangsthese: Wir sind froh, dass Frau Klinger bei uns ist (nun schon zehn Jahre). Erster Punkt: berufliche Leistungen und Verdienste. Zweiter Punkt: menschliche Qualitäten.

Steigen Sie positiv ein

Gerade bei Reden, die Sie spontan halten müssen, kommt es darauf an, positiv zu beginnen. Sie „freuen sich, hier zu sein", Sie „bedanken sich dafür, dass Sie die Gelegenheit haben, das spannende Projekt vorzustellen", Sie „fühlen sich geehrt", dass Sie „ein paar Worte über unsere liebe Christine sagen dürfen".

Manchmal lässt sich das Positive auch irgendwo anders finden: Ihnen ist irgendetwas Schönes aufgefallen, Sie sind von irgendetwas beeindruckt oder es scheint wenigstens die Sonne.

Mit einem solchen Einstieg stimmen Sie Ihre Zuhörer positiv ein – und sich selbst auch. Bei Reden aus dem Stand ist das noch wichtiger als bei den vorbereiteten. Denn von einer angenehmen Stimmung können Sie sich regelrecht tragen lassen. Ihnen fällt noch dieses und jenes ein, von dem Sie jetzt noch keine Ahnung haben. Ist die Grundstimmung trüb, gehen Ihnen die Ideen verloren.

Sollen Sie sagen, dass Sie unvorbereitet sind?

Manche reagieren reflexartig, wenn sie aufgefordert werden, das Wort zu ergreifen: Sie weisen darauf hin, dass sie schlecht vorbereitet sind, dass sie nicht damit gerechnet haben, etwas sagen zu müssen, oder dass sie es einfach vergessen haben. Doch es hilft nichts – reden müssen sie trotzdem. Denn gar nichts zu sagen, wäre peinlich. Und wenn einen der Vorgesetzte auffordert, kann man sich dem ohnehin nicht entziehen. Also halten sie dann eine Rede, die für alle Beteiligten oftmals etwas quälend wird. Ihr Hinweis ist eine sich selbst erfüllende Prophezeiung. Die Zuhörer erwarten keine gelungene Rede, der Redner auch nicht, und so kommt nur etwas Kümmerliches dabei heraus.

Aber ist es denn nicht sinnvoll, darauf hinzuweisen, dass man keine Zeit hatte, sich vorzubereiten – wenn es nun mal so ist? Man möchte doch keine falschen Erwartungen wecken? In den meisten Fällen ist diese Befürchtung unbegründet. Ihre Zuhörer werden nicht milder über Sie urteilen, nur weil sie von Ihnen „vorgewarnt" wurden. Und dass Sie Ihre Rede aus dem Stand halten, ergibt sich meist aus den Umständen. Die Anforderungen sind dann gar nicht so hoch, wie Sie meinen. Verlieren Sie also keine weiteren Worte darüber, sondern versuchen Sie, das Beste aus der Situation zu machen. Dazu gehört, dass Sie Ihre Zuhörer positiv und nicht negativ auf Ihre Rede einstimmen.

Wie Sie Ihren Hinweis dennoch loswerden

Manchmal möchten Sie aber darauf aufmerksam machen, dass Sie unter erschwerten Bedingungen antreten. Das können Sie tun, allerdings ohne sich selbst herabzusetzen. Sagen Sie kurz, was fehlt, und wenden Sie Ihre Rede dann ins Positive: „Wir haben die Daten noch nicht vollständig ausgewertet, aber ich gebe Ihnen gerne einen Einblick in unser Projekt." – „Ich habe noch keine Zeit gefunden, den Bericht zu lesen, aber ich sage Ihnen gerne, wie sich der Sachverhalt aus meiner Sicht darstellt." – „Ich wollte Ihnen nächste Woche einen ausführlichen Bericht geben, aber ich kann jetzt schon ein paar interessante Punkte nennen."

Mit der Trittsteintechnik zu einem neuen Thema

Eine bewährte Methode kann Ihnen vielleicht aus der Verlegenheit helfen. Fühlen Sie sich in dem Bereich unsicher, über den Sie reden sollen, gibt es vielleicht ein angrenzendes Thema, bei dem Sie wesentlich fester im Sattel sitzen. Dann können Sie über irgendeine Verbindung, einen „Trittstein", zu diesem Thema überleiten.

Zehnjähriges Dienstjubiläum

Kehren wir noch einmal zum zehnjährigen Dienstjubiläum von Frau Klinger zurück. Eigentlich wollen Sie ihre beruflichen Leistungen und ihre persönlichen Qualitäten würdigen. Zu den beruflichen Leistungen fällt Ihnen nicht viel mehr ein, als dass Frau Klinger immer zuverlässig (= unauffällig) ihre Arbeit erledigt hat. Über den Trittstein „Was mich

> *an Frau Klinger beeindruckt hat"* können Sie auf irgendein Ereignis zu sprechen kommen, das nicht direkt mit den beruflichen Leistungen zu tun hat.

Achtung! Bei einer solchen Überleitung handelt es sich keineswegs um einen Taschenspielertrick. Ihre Zuhörer sollen durchaus wissen, worüber Sie jetzt sprechen, sonst fühlen sie sich getäuscht. In manchen Fällen sollten Sie das daher ausdrücklich mitteilen. Die zugehörigen Instantsätze lauten beispielsweise: „Bei Thema A sind noch zu viele Fragen offen. Aber bei Thema B gibt es einige Gesichtspunkte, die ich Ihnen gerne vorstellen würde." Oder: „Ich halte Thema A für gar nicht so wesentlich. Wichtiger scheint mir etwas ganz anderes zu sein …" Oder: „Thema A ist mir ehrlich gesagt eine Nummer zu groß. Wir müssen uns vorher über Thema B unterhalten."

Was sagen Sie, wenn Sie völlig blank sind?

Bis jetzt sind wir davon ausgegangen, dass Sie sich zwar nicht auf die Rede vorbereitet haben, doch die *Fakten* kennen und etwas mitzuteilen haben, zumindest über ein angrenzendes Thema. Dann ist eben nur die Frage: Wie gelingt Ihnen das möglichst gut? Ein erster wichtiger Schritt dabei ist, Ihr Publikum positiv einzustimmen.

Doch wenn Sie mal auf dem falschen Fuß erwischt werden, nicht Bescheid wissen, völlig blank sind – wie ziehen Sie sich dann aus der Affäre? Die Antwort kann nur heißen: In diesem Fall halten Sie *keine* Rede! Auch die ausgefeilteste Rhetorik kann nicht darüber hinwegtäuschen, dass Sie keine Ahnung haben. Die Gefahr, dass Sie sich blamieren, ist gewaltig. Mit heißer Luft können Sie niemanden beeindrucken. Davon abgesehen könnten Sie Dinge äußern, die nicht stimmen oder die Sie hinterher bedauern, wenn Sie sich über das Thema kundig gemacht haben. Mit einer solchen Rede könnten Sie sich zum Gespött machen. Lassen Sie sich daher niemals zu einer solchen Rede nötigen.

Das Dienstjubiläum entlarvt den Chef

Noch einmal zu Frau Klinger und ihrem zehnjährigen Dienstjubiläum. Solange Sie als Chef auch nur ein einziges anerkennendes Wort über Frau Klinger sagen können, sollten Sie das tun. Es gab da vielleicht einen Vorfall vor drei Jahren, als durch das beherzte Eingreifen von Frau Klinger ein Auftrag gerettet werden konnte. Dass Sie sich daran noch erinnern, wird Frau Klinger Ihnen hoch anrechnen. Ein paar freundliche Worte über ihr einnehmendes Wesen, Freude darüber, dass Frau Klinger bei Ihnen arbeitet – und fertig ist die Rede. Wenn Sie hingegen gar nichts über Frau Klinger wissen, sollten Sie nicht annehmen, dass Sie mit ein paar Gemeinplätzen davonkommen. Ihre Zuhörer werden den Kopf schütteln: Jetzt ist die Frau Klinger schon zehn Jahre bei uns, und der Chef weiß gar nichts über sie.

So gewinnen Sie Sicherheit

Reden misslingen, sobald dem Sprecher die Sicherheit abhandenkommt. Daher sollten Sie alles dafür tun, dass Sie sich sicher fühlen oder Ihre Sicherheit zurückgewinnen. Eine positive Grundstimmung macht uns sicher, freundliche Blicke unserer Zuhörer und die Gewissheit: Wenn etwas schiefgeht, kann ich mich irgendwo festhalten. Ich *kann* gar nicht abstürzen.

Festhalten können wir uns an ganz verschiedenen Dingen: an der Gliederung, an bewährten Instantsätzen, aber auch an wohlwollenden Zuhörern. Manche Redner suchen bewusst Blickkontakt zu den freundlichen Gesichtern in der Runde und gewinnen dadurch wieder Boden unter den Füßen.

Die Gliederung gibt uns starken Halt – zumindest wenn sie so einfach ist wie die Gliederungen in diesem Buch. Geübte Redner greifen zu einer Struktur und wissen womöglich noch gar nicht, wie sie die inhaltlich füllen werden. Sie können aber darauf vertrauen, dass ihnen das rechtzeitig einfällt.

Rauchpause während einer Besprechung

Soll die Besprechung unterbrochen werden, um eine Rauchpause zu machen? Von Ihnen wird ein Statement verlangt. Struktur: Pro und Kontra. Für eine Rauchpause spricht: Die Raucher unter uns werden unruhig, können sich nicht mehr konzentrieren, da sie nur an die nächste Zigarette denken. Während Sie das sagen, fahndet Ihr Gehirn bereits nach den Gegenargumenten. Und tatsächlich: Gegen eine Rauchpause spricht, dass wir Zeit verlieren und die Besprechung unterbrochen werden muss. Es dauert dann etliche Minuten, bis wir den Faden wieder aufgenommen haben. Und noch während Sie die Gegenposition formulieren, haben Sie sich bereits entschieden, welche Position Sie plausibler finden oder ob es einen Kompromiss gibt. Und das teilen Sie Ihren Zuhörern abschließend mit. Zum Beispiel: „Ich denke, wir sollten jetzt eine fünfminütige Rauchpause machen, damit die Raucher wieder aufnahmefähig sind. Wir anderen können schon mal Punkt X andiskutieren, um keine Zeit zu verlieren."

Manchmal bringt es zusätzliche Sicherheit, wenn Sie Ihren Zuhörern zu Beginn die Struktur mitteilen. Sie nennen Ihr Thema (z. B. „Wir müssen eine Entscheidung über die Rauchpausen treffen.") und schließen gleich die Struktur an („Zunächst werde ich Ihnen sagen, was für eine Rauchpause spricht. Dann sehen wir uns die Gegenargumente an. Abschließend werde ich Ihnen meine eigene Lösung vorschlagen."). Das Beispiel mag etwas überzeichnet sein, aber die Zuhörer bekommen den Eindruck, einer wohlgeordneten Rede zu folgen – und das wirkt auf Sie zurück.

Beruhigende Instantsätze

Einen gewissen Halt geben auch die Instantsätze, auf die Sie bei Bedarf zurückgreifen können. Darunter fallen die „Orientierungshilfen für Ihr Publikum", aber auch bestimmte Formeln, Sprichwörter oder Kernbotschaften, die mit Ihrem Thema zu tun haben. Zum Beispiel: „Kauf schlägt Miete", wenn Sie über Immobilien sprechen. Oder: „Der frühe Vogel fängt den Wurm." Oder: „Wie man in den Wald hineinruft, so schallt es heraus."

Eine weitere Möglichkeit: Sie stellen sich selbst typische Fragen, die Sie unmittelbar danach beantworten. Zum Beispiel: „Warum ist das überhaupt so?" Oder: „Was haben wir uns darunter vorzustellen?" Oder: „Was heißt das jetzt konkret?" Eine weitere bewährte Variante: „Sie fragen sich jetzt sicher …" (und dann folgen Fragen wie „Kann das überhaupt funktionieren?"/„Steht das nicht im Widerspruch zu …?"). Durch diesen Kniff wird Ihre Rede nicht nur lebendiger, Sie zwingen sich auch selbst dazu, auf das Wesentliche zu kommen.

Faden verloren – was tun?

Fragen können auch nützlich sein, wenn Sie merken: Ihr Publikum kann Ihnen nicht mehr so recht folgen. Sie haben sich in irgendeine Seitenfalte der Geschichte hineinverirrt oder sich unverständlich ausgedrückt. Dann können Sie die Situation mit der Frage „Was heißt das jetzt konkret?" retten. Die Zuhörer, die Sie verloren haben, schalten dann nämlich wieder auf Empfang. Und wenn Ihre Ausführungen nun verständlich sind, haben sie das beruhigende Gefühl, dass ihnen nichts Wesentliches entgangen ist.

Verlieren Sie selbst den Faden, so gibt es eine Reihe von Möglichkeiten, wie es Ihnen gelingt, den Faden wiederaufzunehmen. Einen besonders charmanten Tipp gibt die Rednerin und Coachingexpertin Sabine Asgodom: „Lassen Sie sich von Ihrem Publikum helfen." Je nach Sachlage können Sie nachfragen: „So, und wie geht es jetzt weiter?" Oder: „Warum habe ich das jetzt gesagt?" Die Zuhörer nehmen Ihnen das nicht übel. Meist freuen sie sich, dass sie Ihnen helfen können. Und sie haben Gelegenheit, vor allen anderen zu glänzen. Weiß keiner die Antwort, so können Sie humorvoll neu ansetzen: „Dann versuch ich es mal hiermit …"

Es gibt auch Redner, die so tun, als würden sie kontrollieren, ob ihr Publikum aufmerksam ist, und stellen die Lehrerfrage: „Wo waren wir stehengeblieben?" Oder: „Wie geht es weiter? Wer weiß es?" Das klappt häufig auch, wirkt aber weniger sympathisch.

Aktivieren Sie die Zuhörer

Eigentlich geht es immer um das gleiche Prinzip: Sie wenden sich an Ihre Zuhörer, um Zeit zu gewinnen. Das funktioniert auch auf andere Art, zum Beispiel indem Sie sich bei Ihrem Publikum erkundigen: „Haben Sie bis hierhin irgendwelche Fragen?" Dadurch schaffen Sie eine Zäsur und können Ihre Rede später an einem geeigneten Punkt fortsetzen. Manche lassen auch das Fenster öffnen („Finden Sie nicht auch, dass es hier stickig ist?") oder setzen andere Ablenkungsmanöver ein („Ich muss jetzt mal nachfragen: Die Veranstaltung geht bis 11 Uhr?"). Stellen Sie sich dabei jedoch ungeschickt an, durchschaut Ihr Publikum den vermeintlichen Trick und fühlt sich verschaukelt. Da macht sich das selbstbewusste Geständnis, dass Sie jetzt gerade „im Wald stehen" und Hilfe brauchen, meist viel besser.

Probleme mit der Technik

Bei Reden aus dem Stand ist der Einsatz technischer Hilfsmittel eher selten. Doch gelegentlich möchten Sie Ihre Aussagen vielleicht mit ein paar Charts untermauern, die sich auf Ihrem Notebook befinden. Wenn dann die Technik streikt, kann das Ihre ganze Rede durcheinanderbringen und die Geduld Ihres Publikums strapazieren.

Allerdings sollten Sie dieses Problem schnell in den Griff bekommen. Dabei ist es ein großer Vorteil, dass Sie Ihre Rede aus dem Stand halten, also nicht vorformuliert haben. Sie sind ohnehin dabei zu improvisieren und müssen nicht erst damit beginnen.

Versagt die Technik, lautet der wichtigste Tipp bei einer freien Rede: Halten Sie sich nicht lange damit auf. Lässt sich beispielsweise Ihr Notebook nicht mit dem Beamer verbinden, sollten Sie nach zwei gescheiterten Versuchen fragen, ob jemand eine schnelle Lösung für dieses Problem kennt. Ist das nicht der Fall, setzen Sie Ihren Vortrag ohne technische Hilfe fort.

Dabei sind die Sympathien der Zuhörer auf Ihrer Seite. Sie können also befreit drauflosimprovisieren und die akkuraten Schaubilder, die sich auf Ihrem Notebook befinden, als krakelige Skizzen auf das Flipchart malen. Oder Sie deuten mit Ihren Händen an, wie die Diagramme und Kurven verlaufen. Solche originellen Aktionen zeigen, dass Sie sich zu helfen wissen. Und sie kommen beim Publikum oft noch besser an, als wenn Sie die Originalfolien auf Ihrem Notebook gezeigt hätten.

> Ganz anders sieht die Sache aus, wenn die technischen Probleme dazu führen, dass Sie nun nicht mehr richtig zu verstehen sind oder unvorteilhaft wirken. In diesem Fall bestehen Sie darauf, dass die Probleme behoben werden. Wenn das nicht möglich ist, sollten Sie Ihre Rede abbrechen.

Störer und andere Quälgeister

Störer machen uns nervös, können uns aus dem Konzept bringen, vor allem aber beeinträchtigen sie die Aufmerksamkeit der Zuhörer. Das können Sie allerdings ausnutzen. Denn für Sie ist es am besten, wenn der Störer von anderen aus dem Publikum zurechtgewiesen wird. Warum? Weil der Störer dann nicht als Teil des Publikums erscheint, mit dem Sie als Redner Ihre liebe Not haben. Sondern das Publikum weist jemanden zurecht, der sich nicht benehmen kann.

Angenommen, zwei Teilnehmer beginnen während Ihrer Rede ein halblautes Gespräch. Was tun Sie? Sie beenden Ihren Satz und schweigen. Sie richten Ihren Blick auf die Störer, die schon nach kurzer Zeit verstummen und dennoch angeblafft werden. Sogar wenn es sich um Personen handelt, die in der Hierarchie über Ihnen stehen, werden sie ihr Gespräch beenden. Solange setzen Sie Ihre Rede auch nicht fort.

Etwas anders liegt der Fall, wenn allgemein Unruhe aufkommt. Auch dann unterbrechen Sie Ihre Rede. Doch Sie erkundigen sich: „Was ist los?" Häufig gibt es zeitliche Probleme. Ein Teil Ihrer Zuhörer muss aufbrechen. In diesem Fall sollten Sie so etwas sagen wie: „Ich brauche noch zwei Minuten." Dann kürzen Sie ab und ziehen das Ende vor.

Wenn Sie das nicht wollen, können Sie die Aufbrechenden mit folgendem Instantsatz günstig stimmen: „Eines möchte ich Ihnen noch mit auf den Weg geben …" Und dann greifen Sie schon ein wenig vor, zu Ihren Schlussworten (denen wir uns gleich zuwenden). Eine solche Reaktion hinterlässt einen außerordentlich starken Eindruck.

Was tun bei Zwischenrufen?

Zwischenrufe sind gefürchtet. Eigentlich zu Unrecht, denn Sie befinden sich gegenüber dem Zwischenrufer klar im Vorteil. Einen unqualifizierten Kommentar können Sie einfach übergehen – oder Sie weisen freundlich darauf hin, dass Sie gleich im Anschluss an Ihre Rede gerne alle Fragen ausführlich besprechen.

Setzt der Zwischenrufer seine Störungen fort, gehen Sie direkt auf ihn zu und sprechen ihn an. Sie haben zwei Möglichkeiten. Die höfliche: Sie bitten ihn, seine Anmerkungen nach Ihrer Rede vorzutragen. Die konfrontative: Sie holen diese Person zu sich nach vorne und fordern Sie auf, Stellung zu beziehen. Das Ergebnis ist in aller Regel ein vollkommenes Desaster für den Störer.

Störer vorführen

Maßstäbe hat hier Wirtschaftsminister Sigmar Gabriel gesetzt, der bei einer Pressekonferenz von Greenpeace-Aktivisten gestört wurde. Mag sein, dass Gabriel zu seiner ursprünglich vorgesehenen Pressekonferenz nur wenig Lust hatte. Auf jeden Fall tat er das, was die Aktivisten forderten, womit sie aber im Traum nicht gerechnet hatten: Er forderte sie auf, mit ihm hier und jetzt über die Energiewende zu diskutieren. Und da standen sie wie versteinert da und hielten wortlos ihre Transparente hoch, die mit einem Mal wie inhaltsleere Sprechblasen erschienen. Noch selten dürfte Greenpeace so vorgeführt worden sein.

Wenn der Zwischenrufer die Lacher auf seiner Seite hat

Es passiert nicht oft, aber hin und wieder kommt es doch mal vor, dass ein Zwischenruf witzig oder treffend ist. Was dann? Kein Grund, im Boden zu versinken. Bleiben Sie entspannt, lachen Sie mit. Sie können dem Zwischenrufer auch Recht geben oder kurz auf seine Bemerkung eingehen, wenn Sie das wollen. Abschließend bitten Sie, mit Kommentaren und Fragen zu warten, bis Sie die Rede beendet haben.

Aber wenn der Zwischenruf boshaft und hämisch war und dennoch Gelächter geerntet hat? Am wirksamsten ist hier die freundliche Offensive: Sie gehen auf den Störer zu, stellen ihn zur Rede. Sagen Sie ihm ins Gesicht, dass Sie seine Bemerkung boshaft finden. Sie werden bemerken, wie sich das Blatt wendet. Der Zwischenrufer wird ganz klein und die Sympathien sind auf Ihrer Seite. Das Entscheidende ist: Sie dürfen sich nicht zur Lachnummer machen lassen.

So stoppen Sie die Handytelefonierer

Auch wenn Sie darum gebeten haben, die Handys abzuschalten: Es lässt sich offenbar nicht vermeiden, dass irgendwann eines klingelt. Darüber können Sie ganz gelassen hinweggehen, da sich ebenso sicher andere Zuhörer darüber erregen und der Anruf ohnehin weggedrückt wird. Beginnt jedoch jemand ein halblautes Gespräch, reden Sie nicht mehr weiter, sondern schauen den Telefonierer an und hören mit. Wie alle anderen auch.

Der gelungene Abschluss

Ehrlicherweise muss man sagen: Am besten gelingt der Redeschluss, wenn Sie sich zuvor etwas zurechtgelegt haben. Sehr schön ist es, wenn Sie am Ende wieder auf den Anfang zurückkommen und sich so ein Kreis schließt. Oder wenn Sie eine markige Aufforderung zum Handeln vorbereitet haben, die Ihre Zuhörer von den Sitzen reißt.

Doch lässt sich eine Rede auch ganz ohne Vorbereitung recht passabel abschließen. Sie müssen nämlich gar nichts

Neues mehr bieten. Es wäre sogar ein Fehler, wenn am Ende noch ein neues Thema, eine neue Idee ins Spiel käme. Vielmehr können Sie sich ganz auf zwei Elemente konzentrieren:

- die Zusammenfassung und
- den Schlusssatz.

Der Anfang vom Ende: Die Zusammenfassung

Egal, wovon gerade die Rede war – wenn Sie anfangen, die wichtigsten Inhalte noch einmal zusammenzufassen, ahnen Ihre Zuhörer: Es geht auf das Ende zu. Es ist häufig nicht so günstig, diese Erwartung zu enttäuschen. Davon abgesehen ist es sinnvoll, alles, was bei Ihren Zuhörern hängen bleiben soll, noch einmal in Erinnerung zu rufen. Ist Ihre Rede sehr kurz, können Sie sich womöglich auf die Hauptaussage beschränken: „Deshalb meine ich, dass wir mit der Fachhochschule kooperieren sollten." Oder besser, weil kürzer: „Deshalb meine ich: Kooperieren wir mit der Fachhochschule."

Würdigungen (wie beim Dienstjubiläum) oder emotionale Reden kommen ebenfalls mit einer äußerst knappen Zusammenfassung aus. Nur bei informativen und argumentierenden Reden ist es sinnvoll, noch mal die wichtigsten Tatsachen und Argumente zu erwähnen, damit sie sich einprägen.

Der letzte Satz muss sitzen

Ganz am Ende steht dann der Schlusssatz. Der sollte möglichst kurz und eingängig sein. Es muss gar nicht der bedeutungsschwerste Satz Ihrer Rede sein. Wichtiger ist, dass dieser Satz bei Ihren Zuhörern keine Abwehrreflexe auslöst, sondern Zustimmung findet. Dazu eignen sich:

- allgemeine Sentenzen: „Vertrauen lässt sich nicht erzwingen." Oder: „Der Islam gehört zu Deutschland."

- Appelle: „Wir haben sieben Monate gebraucht, den Vorschlag auszutüfteln. Die Zeit ist reif, ihn umzusetzen."

- Ausblick/Konsequenzen: „Noch in diesem Jahr werden wir die Wende schaffen."

- Ausdruck positiver Gefühle: „Für deine Loyalität, für deinen Humor, für deine unverwechselbare Art sage ich: Danke."

- Werben für Verständigung: „Auch wenn wir unterschiedlicher Meinung sind, ist es doch wichtig, dass wir einander zuhören. Vielen Dank, dass Sie mir zugehört haben."

Übung

Damit er wirklich sitzt, müssen Sie den Schlusssatz richtig sprechen: langsamer werdend, mit kleinen Pausen zwischen den letzten drei, vier Worten. Und die Stimme senken Sie am Ende. Nehmen Sie sich verschiedene Schlusssätze vor, zum Beispiel die eben genannten, und sprechen Sie die auf die beschriebene Art.

Der aufgepfropfte Schlussdank

Viele Redner bedanken sich ganz am Ende noch mal bei ihren Zuhörern. Weitverbreitet ist die Schlussformel: „Vielen Dank für Ihre Aufmerksamkeit!" Oftmals *ersetzen* diese Worte den eigentlichen Schlusssatz. Nun ist diese Formel etwas abgegriffen und ganz sicher nicht das gelungenste Beispiel, wie man eine Rede beendet. Tatsächlich *schwächt* das anhängte Dankeschön die Wirkung Ihrer Worte, wenn Sie einen guten Schlusssatz haben. Das können Sie selbst einmal ausprobieren: Ein richtig intonierter Schlusssatz schwingt sehr viel stärker nach, wenn Sie keinen Dank dranhängen.

Und doch ist es nun auch kein Fehler, am Ende danke schön zu sagen. Entscheiden Sie einfach aus dem Moment heraus, ob Sie das tun oder nicht. Dabei wirkt ein schlichtes „Vielen Dank!" nicht ganz so altbacken wie der Dank für die Aufmerksamkeit.

Auf den Punkt gebracht

- Sprechen Sie in der richtigen Tonhöhe, Ihrem Schokoladenton. Bringen Sie durch Ihre Stimme Abwechslung in Ihren Vortrag, durch Veränderungen im Sprechtempo, im Ausdruck, in der Tonhöhe.

- Sorgen Sie durch Orientierungssätze dafür, dass Ihre Zuhörer Ihnen besser folgen können.

- Müssen Sie unvorbereitet das Wort ergreifen, entscheiden Sie als Erstes, welche Struktur Sie Ihrer Rede zugrunde legen.

- Wenn Sie den Faden verloren haben, wenden Sie sich an Ihre Zuhörer.

- Zum Abschluss fassen Sie die wichtigsten Inhalte noch einmal zusammen, damit sie sich Ihren Zuhörern einprägen.
- Beenden Sie Ihre Rede mit einem zündenden, vor allem aber richtig intonierten Schlusssatz.

Literatur

- Borbonus, René: Unwiderstehlich überzeugend! Die Kunst der freien, überzeugenden Rede (Hörbuch), Eckental 2009
- Garcia, Isabel: Ich rede: Kommunikationsfallen und wie man sie umgeht, Landsberg 2010.
- Nöllke, Matthias: Schlagfertigkeit, 2. Auflage, Freiburg 2009.
- Rossié, Michael: Frei sprechen: in Radio, Fernsehen und vor Publikum, München 2010.

Der Autor

Dr. Matthias Nöllke ist Keynotespeaker und Autor für Management und Kommunikation. Mehr als zwanzig Bücher hat er geschrieben, darunter „Schlagfertigkeit", „Die Sprache der Macht", „Vertrauen", „Psychologie für Führungskräfte" und „Die Gärten des Managements". Als Professional Speaker ist er Mitglied der GSA und hält Vorträge für Kongresse, Organisationen und Unternehmen (u. a. Daimler, Deutsche Bahn, Deutsche Bank, Evonik, Oracle, SAP, Siemens). Darüber hinaus gibt er Seminare und coacht Fach- und Führungskräfte für ihre Reden (www.der-rednercoach. de, www.reden-aus-dem-stand.de).

Impressum:
Verlag C. H. Beck im Internet: www.beck.de
ISBN: 978-3-406-67421-1
© 2015 Verlag C. H. Beck oHG
Wilhelmstraße 9, 80801 München
Umschlaggestaltung: Ralph Zimmermann – Bureau Parapluie
Umschlagbild: © monkeybusiness – depositphotos.com
Satz: Fotosatz Buck, Kumhausen
Druck und Bindung: Beltz Bad Langensalza GmbH
Neustädter Str. 1–4, 99947 Bad Langensalza
Gedruckt auf säurefreiem, alterungsbeständigem Papier
(hergestellt aus chlorfrei gebleichtem Zellstoff)